»Give up yourself unto the moment
The time is now«
Moloko

Ute Hamelmann
Martina Hesse

Unsere Zeit ist jetzt!

Das Actionbook für Frauen, die anders leben und arbeiten wollen

MURMANN

INHALT

WO BITTE GEHT'S ZUR FEMALE FUTURE?

Wer Systeme ändern will, muss wissen, wie

> *»Denke immer daran,*
> *dass du absolut einzigartig bist.*
> *Genau wie alle anderen.«*

Margaret Mead, Sozialanthropologin

Frauen sind Megatrend, sagt das Frankfurter Zukunftsinstitut um Matthias Horx. Und tatsächlich. Fast könnte man den Eindruck gewinnen, die Prophezeier*innen liegen diesmal richtig mit ihrem Female Shift. Frauennetzwerke, wo man hinblickt: Women in Tech, Female Future Force, female.vision, Global Digital Woman, Edition F, Stayonboard, The Female Lead. Zudem halb Hollywood auf der Straße beim Women's March, den selbst gestrickten schrillpinken Pussy-Hat als Symbol der neuen Bewegung auf dem Kopf. Fürn bisschen mehr Glamour gibt's inzwischen aus dem Hause Dior das »We should all be feminists«-Shirt für 710 Dollar zu shoppen. Auch im Netz GRL PWR allenthalben: Free Bleeding, Viva la Vagina, #freethenipple, Braless Movement, Guerilla Girls, Burschenschaft Hysteria. Sogar die Bundesregierung beschließt ganz verdaddert im Sommer 2020 eine nationale Strategie zur

Gleichstellung von Frauen. Und auf die Konsumgüterbranche ist sowieso Verlass. Komme, was wolle. Sie hat uns als Fiemäl-Fjutschur-Muuv voll aufm Zettel. Und beschenkt uns auf Frauenevents ganz selbstlos mit süßen Beauty-, Wellness- und Mindfullness-Give-aways. Ganz vorne mit dabei: Menstruationstassen und Lavendelsäckchen.
Ups!

Wir wollen euch die Party nicht verderben, aber let's face it: Der »Gender Social Norms Index« des Entwicklungsprogramms der Vereinten Nationen zeigt, dass immer noch neun von zehn Menschen Vorurteile gegenüber Frauen haben. Der Frauenanteil in den DAX-Vorständen in Deutschland liegt bei 14,[1] unser Gender-Pay-Gap bei 20 Prozent.[2] Der Faktor für unbezahlt geleistete Care-Arbeit von Frauen im Haushalt steht bei mehr als 50 Prozent gegenüber den Männern. Bei den 34-Jährigen liegt dieser Haushalts-Gap sogar bei 110,6 Prozent.[3] Ups! Und Julia Jäkel, Verlagschefin von Gruner + Jahr, stellt in ihrem Gastbeitrag für die *Zeit* schon am Anfang der Corona-Krise fest: »Plötzlich sind alle Frauen weg.« Jetzt übernehmen die Männer wieder das Ruder.

Das Gebot der Diversität zählt offenbar nur an ruhigen Tagen, ansonsten leben wir wieder im Paradigma der »Great Man Theory«. Mit dem starken Mann als Retter, der sich auch im heftigsten Sturm als Fels in der Brandung bewährt. Während die Frau – mal wieder typisch – nicht ambitioniert genug ist, ihren Mann zu stehen, wie Facebook-Chefin Sheryl Sandberg ihren

1 https://de.statista.com/statistik/daten/studie/409010/umfrage/frauenanteil-in-dax-vorstaenden/
2 https://www.destatis.de/DE/Presse/Pressemitteilungen/2020/03/PD20_097_621.html
3 https://www.bmfsfj.de/bmfsfj/themen/gleichstellung/gender-care-gap/indikator-fuer-die-gleichstellung/

Geschlechtsgenossinnen in good old manner vorwirft.[4] Aber Moment mal, waren es nicht die Staatsfrauen, die zumindest während der ersten Welle die besseren Figuren abgaben, wie auch das *Forbes Magazine* begeistert feststellte?

> **»Das Einfühlungsvermögen und die Fürsorge, welche all diese weiblichen Führungspersönlichkeiten vermittelten, schienen aus einem anderen Universum zu stammen. Es war, als kämen ihre Arme aus ihren Videos, um uns in einer herzlichen und liebevollen Umarmung festzuhalten. Wer hätte gedacht, dass Führungspersönlichkeiten so klingen können? Jetzt wissen wir es.«**
> *Forbes Magazine*

Wie kann das alles sein? Was ist da eigentlich los? Offenkundig klafft da eine Riesenlücke zwischen Anspruch und Wirklichkeit. Und was können wir konkret tun, damit wir stärker in Politik, Gesellschaft und Wirtschaft eingebunden werden? Denn mal ehrlich, Warten auf Godot go home, allein die ganze Sache mit den Frauen in Führungspositionen gleicht inzwischen absurdem Theater: Die Familienministerin droht Unternehmen ohne Frauenquote harte Strafen an. Derweil rennen den Automobilherstellern die fitten jungen Männer davon, weil in den nächsten Jahren – Direktive von oben, flüster, flüster – nur Frauen gefördert werden sollen. Die haben aber überhaupt keinen Bock auf eine Führungsposition im alten Stil.[5] Hallo? Ist da jemand? Hört eigentlich irgendjemand zu?

Was wir wollen? Endlich mehr vom Leben. Und nicht länger im Schraubstock überholter Rollenbilder, Klischees und Lebenslügen versinken. In sinnlosen Wettkämpfen und ermüdenden Verzichtsdebatten. Machtspielchen, Hinterzimmerpolitik, Command and Control. Dazu gehört es, sich von alten, funktionalen, kom-

4 https://www.americaninno.com/boston/sheryl-sandbergs-ambition-gap-are-women-really-less-ambitious-than-men/
5 https://www.karriere.de/meine-inspiration/gleichberechtigung-diese-unternehmen-wollen-null-frauen-im-vorstand/25452698.html

petitiven Denkmustern und Paradigmen zu lösen. Probleme mal von einer ganz anderen Seite zu betrachten. Und neue, kooperative Narrative zu schaffen, die Lust machen auf mehr. Aha! Das hat nichts mit Revolution zu tun. Wir haben Respekt vor den Leistungen, die uns ein Leben in Freiheit, Wohlstand und Sicherheit ermöglicht haben. Und doch steht außer Frage: Wir brauchen dringend eine Weiterentwicklung. Eine schnellstmögliche Evolution in Richtung mehr Menschlichkeit und mehr Nachhaltigkeit! Auf allen Ebenen. Sowohl lokal als auch global. Zu viel fällt durchs Raster. Zu viel steht auf dem Spiel. Deswegen lasst uns starten. Neugierig, spielerisch, experimentell und auch ganz pragmatisch. Das hat den Vorteil, dass wir schnell umsteuern können, wenn es nicht klappt. Fehler bringen uns voran. Helfen dabei, uns kontinuierlich zu verbessern und wirklich tragfähige Ideen vom Kleinen ins Große zu tragen. Wir wollen, dass unsere Welt sehr viel kreativer, sinnlicher, kooperativer, diverser, name it weiblicher wird, weil wir davon überzeugt sind, dass wir alle zusammen mehr draufhaben. Und unsere Welt, so wie sie im Moment ist, auch auf viele Männer ganz schön toxisch wirkt. Der Great Man Theory muss die Great Team Theory folgen. Mit Menschen, die auf Augenhöhe miteinander leben und arbeiten. In beweglichen Rollen statt in festgefahrenen Funktionen. Human, organisch, vielfältig, mitfühlend, empathisch. So, wie wir Menschen sehen und wie Menschen für uns sind.

> »*Women are not broken, the system is broken. And the system is upheld by patriarchal parameters. But instead of fixing the system, we are fixing women. To make them fit into the system. At this point, I sincerely hope that this sounds as absurd to you as it does to me.*«
> *Robert Franken, Experte für digitale Transformation, Feminist*

Das Blöde: Das System hat, wie Soziologe Niklas Luhmann schon sagte, keine Adresse, an die wir unsere Beschwerden und Wünsche schicken könnten. Das Gute: Das System sind wir. Hört sich vielleicht riesig an. Das System. Doch dieses unüberschaubare Gebilde besteht aus vielen kleinen und noch kleineren Systemchen. Und zu denen haben wir Zugang. Die können wir knacken. Indem wir sie hacken!

Ein Beispiel: Ute stellte sich mit einer Kollegin und ein paar Whiteboards mitten ins Foyer ihres Unternehmens und trommelte ein paar Leute zusammen, die einfach mal aufschreiben sollten, was ihrer Meinung nach denn alles so schiefläuft. Das ging fünf Wochen so – und die Diskussionen vor dem Board sind bis heute unvergessen. Denn daraus entstand schließlich ein Transformationsteam und daraus entstanden wiederum viele weitere Teams. Einen Befehl von oben gab es nicht, es war eine organische Bottom-up-Bewegung. Grassroot! Damit Bewegung in festgefahrene Systeme kommt, sie smoother und organischer werden, braucht es Bewegung! Aha! Das ist wie bei einem steifen Rücken. Die Blockaden lösen sich erst, wenn der Mensch wieder in Schwingung kommt.

> **»Die gute Nachricht ist, wir können erst mal nichts dafür, dass wir so sozialisiert wurden, doch wir können etwas dafür, wenn wir diese Muster weiter leben und weitergeben.«**
> *Eike Adler, Producer*

Ihr Lieben, worauf warten wir noch? Wir haben Hunderte Ideen und Methoden, Dinge zu verändern. Mutige Vordenker*innen, große Netzwerke, leidenschaftliche Unterstützer*innen, neue Organisationsformen und unerschrockene Unternehmer*innen, die bereits als First Mover vorangehen. Wir haben so gesehen alles an Theorie und Praxis, um die Welt positiv zu verändern.

Was fehlt, ist nur ein kleiner Schritt, den jede und jeder für sich gehen kann. Ganz egal, wo sie oder er sich gerade befindet. Denn es fängt mit etwas eigentlich ganz Trivialem an: Spüren, was ist. Wir nennen es upsen. Vielleicht ist dir das kleine Wort schon aufgefallen oben im Text und du bist hängen geblieben. Hat dir ein Lächeln ins Gesicht gezaubert oder dich fast dazu veranlasst, das Buch sofort wieder aus der Hand zu legen. Im Grunde ist es egal: Denn jede Gefühlsregung, jeder emotionale Stolperstein – ob positiv oder negativ – birgt das Potenzial, eine Entwicklung anzustoßen. Wenn wir nicht weiterhin, wie so oft, über ihn achtlos drübersteigen. Sondern ihn als initialen Impuls nutzen. Um uns der Frage zu stellen, warum dieses oder jenes uns eigentlich berührt, abstößt, überrascht, verärgert, interessiert oder abtörnt. Denn nur dann kommen wir zu einem Aha!, und wenn wir noch weiter dranbleiben, zu einer neuen Sichtweise, einem neuen Dreh, einer Lösung: Ja!

Auch wenn wir den Faden gegen Ende des Buches noch einmal aufgreifen und ein bisschen Theorie drum herum stricken: Lasst uns gemeinsam gleich mitten hineinspringen in unser buntes Leben mit hoffentlich vielen Überraschungs- und Erkenntnismomenten. Zu dem viel zitierten Satz der Babyboomer »Wenn ich erst mal in Rente bin …!« sagen wir: Nö! Unser Leben ist zu kurz dafür. Wir haben nur das eine. Ja! Unsere Zeit ist ganz klar: Jetzt!

HACKS

Aus dem berühmten Sex-Pistols-Song »Fuck the System« wird im digitalen Zeitalter »Hack the System«. Hacks kommen ursprünglich aus der Softwareprogrammierung und bezeichnen Eingriffe in ein Computerprogramm von außen. Inzwischen werden sie aber auch gezielt für die verschiedensten Veränderungsprozesse eingesetzt, weil sie eine minimalinvasive

Störung des Systems und der Gewohnheiten bewirken. Ganz spielerisch, als kleine Mini-Revolte oder bewusste Provokation. Zum Beispiel in der Kantine mal die Plätze durcheinanderwirbeln, Meetings mit einer Stillarbeit beginnen lassen, einen Monat keine Überstunden machen, in Meetings Chef-Rotation spielen oder einen Meckerfrei-Monat planen. Privat kannst du Hacks auch nutzen. Willst du beispielsweise nicht, dass auf deiner Post-Corona-Party über Corona gesprochen wird? Bastle ein C-Hütchen. Jeder, der das C-Wort in den Mund nimmt, bekommt es aufgesetzt – und schwups, das Thema hat sich zumindest für diesen Abend erledigt.

14

HEUTE WIRD NICHT RASIERT!

Raus aus den Jammerkreisen, rein ins dynamische Denken und Handeln

» *Es gibt viel zu tun, packen wir's an.* «

Kamala Harris, Politikerin

Vor neun Jahren veröffentlichte Anne-Marie Slaughter einen Artikel im US-amerikanischen Politmagazin *Atlantic*. Wie der Titel »Why Women can't have it all« schon sagt, stellt die Politikwissenschaftlerin, Professorin und rechte Hand von Außenministerin Hillary Clinton darin verbittert fest, dass Karriere und Kinder einfach nicht zusammengehen. Und sowieso gäbe es viel zu viele ausgesprochene und unausgesprochene Erwartungen, denen Frauen zu entsprechen hätten.

Heute, kein Jahrzehnt später, tragen Modedesign-Studentinnen zu lackierten Fußnägeln unrasierte Beine. Zumindest an der Hochschule für Kunst und Design Burg Giebichenstein in Halle. Kann man als Trend abtun. Aber Trends sind immer Ausdruck eines Bedürfnisses – und Modedesign lebt davon, Bedürfnisse so früh wie möglich zu erspüren. Wie auch immer. Wir jedenfalls lieben solche kleinen Alltagsdisruptionen, Irritationen und Ups!-Momente. Sie lassen uns zufrieden schmunzeln. Bringen uns dazu, unsere Gewohnheitsdenke zu hinterfragen, und das ist goldrichtig so.

Ute: »Mansplaining nervt.«
Martina: »Womanscomplaining auch!«

Wenn wir uns umsehen, gibt es etliche Situationen und Menschen, die uns zum Upsen bringen. Zum Beispiel Billie Eilish. Ihr erstes Album *When We All Fall Asleep, Where Do We Go?* nahm die US-amerikanische Sängerin zusammen mit ihrem Bruder Finneas im Schlafzimmer ihrer Eltern auf – sechs Grammys in allen sechs Kategorien hat sie inzwischen dafür abgeräumt, mehr geht nicht. Aber nicht nur das beflügelt uns, sondern die ganze Art und Weise, wie sich die junge Künstlerin präsentiert. Selbstbewusst und voller Selbstzweifel. Androgyn und feminin. Finster und verspielt. Einfach so, wie sie sich gerade fühlt – und ganz weit weg von irgendeinem Klischee.

Auch Tijen Onaran vom Netzwerk Global Digital Women lebt die Veränderung, die sie sein will. Sie hält sich nicht mit dem mausgrauen Dresscode vergangener Zeiten auf, sondern kämpft in knallig-bunten Outfits für mehr Sichtbarkeit und Vernetzung von Frauen in der Wirtschaft. Oder Natascha Wegelin, Gründerin der Finanzberatung Madame Moneypenny, die gerne mal Pullis mit Loch im Ärmel trägt. »Wer sich über so etwas aufregt, hat ein Problem, nicht ich«, so ihre Devise. Dazu die Wirtschaftswissenschaftlerin Shoshana Zuboff, die kritisch ihre Stimme gegen den Überwachungskapitalismus erhebt. Und die beiden Gründerinnen Petra Etzelstorfer und Judith List, die mit doitfair.com gerade eine nachhaltige Alternative zu Amazon aufbauen. Aha! Wir fühlen uns inspiriert von den vielen tollen Frauen um uns herum – und als Teil eines weltumspannenden Netzwerkes. Auch weil sich Solidarität und Unterstützung richtig gut anfühlen, uns stärken, empowern und umarmen – jeden Tag!

> **»You never change things by fighting an existing reality. To change something, build a new model that makes the existing model obsolete.«**
> *Buckminster Fuller, Architekt*

Im Gegensatz dazu kommen uns Autor*innen im Jammermodus inzwischen wie Gefangene in einem alten System vor. Und Artikel wie den von Anne-Marie Slaughter können wir kaum noch ertragen. Versteht uns nicht falsch, Missstände zu benennen ist richtig und wichtig. Tun wir auch. Doch nur Analysieren bringt uns nicht wirklich weiter. Sondern lässt uns vielfach ermattet und frustriert auf den Zuschauerreihen zurück. Während die Player das Spielfeld beherrschen, der Schiri ab und an die Fahne hebt – und sich ansonsten die Welt vor unseren Augen unbeeindruckt weiterdreht. Lasst uns die Stop-Taste drücken! Jede Frau – egal auf welcher Position, egal in welcher Rolle, egal wie jung oder alt – ist aktiver Teil der Welt und gestaltet sie mit. Weil alles mit allem verbunden ist und jede noch so kleine Handlung Einfluss und Bedeutung hat. Lassen wir uns gängeln, werden wir gegängelt. Befreien wir uns, werden wir befreit. Deswegen ist Handeln aus unserer Sicht so wichtig. Anfangen, Fehler machen, rasch lernen, weitermachen … Ja!

- Du willst eine bessere Welt für deine Kinder hinterlassen, mit weniger Verkehr und Stau. Dann lass dein Auto zumindest für kurze Strecken stehen.
- Du willst, dass Frauen in deinem Unternehmen mehr Sichtbarkeit erlangen, dann lass eine Mitarbeiterin das nächste Abteilungsmeeting eröffnen.
- Du willst eine lebendigere Debattenkultur, dann fang beim nächsten Kaffeeklatsch mit deinen Freund*innen an: Mir geht zurzeit Thema XY nicht aus dem Kopf, was sagt ihr dazu?
- Du willst eine hilfsbereite Nachbarschaft, dann klingle heute noch bei der netten Rentnerin in deiner Straße und biete deine Unterstützung an.

Kurz: Warte nicht auf andere. Werde aktiv. Ermögliche dadurch neue Spielfelder für dich und deine Mitmenschen.

> ***Sei du selbst die Veränderung,***
> ***die du dir wünschst für diese Welt.***
> *Mohandas Karamchand Gandhi,*
> *Rechtsanwalt und Pazifist*

In dem Berliner Nachhaltigkeitsmagazin *enorm* schreibt die Journalistin Morgane Llanque, dass Billie Eilish mit den grün oder blau oder schwarz gefärbten Haaren der Popstar ist, den sie mit 15 gebraucht hätte. Weil sie mit ihrem Auftreten vermittelt: Du kannst dich so zeigen und kleiden, wie du willst – ohne dafür bewertet oder objektiviert zu werden. »Ein mächtiger Anstoß, sich überhaupt mit diesem Thema zu beschäftigen« – und sich auch selbst mehr zuzutrauen.

... MAN MÜSSTe...

... ja, ABeR...

RAUS AUS DEN JAMMERREGELKREISEN

Kommunikative Teufelskreise nennt der Kommunikationswissenschaftler Friedemann Schulz von Thun diese endlosen Jammerschleifen, in denen wir uns so gerne verlieren. Ein neutraler Begriff dafür: kommunikative Regelkreise. Ändert aber nichts an der Tatsache, dass sie für Innovations- oder Veränderungsprozesse so ziemlich das tödlichste Muster sind. Du findest sie im Beruf auf allen Ebenen, aber auch in privaten Beziehungen.

Beispiele für einen solchen Regel- oder Teufelskreis: Chefin denkt: »Weil sich mein Mitarbeiter nicht engagiert, muss ich ihn kritisieren.« Mitarbeiter denkt: »Weil meine Chefin mich kritisiert, engagiere ich mich nicht.« Oder Manager*innen denken: »Mit diesen Mitarbeiter*innen können wir unmöglich Veränderung machen.« Mitarbeiter*innen denken: »Mit diesen Manager*innen können wir unmöglich Veränderung machen!«

Was passiert infolge einer solchen Kommunikation? Nichts! Sie dient nur der eigenen self-fulfilling prophecy: Hab ich's nicht gleich gesagt? Und der Entschuldigung, nichts zu tun, nichts zu verändern, schon gar nicht das eigene Verhalten.

DAS HABEN WIR IMMER SO GEMACHT*

*WARUM WEIß EIGENENTLICH KEINER MEHR SO GENAU...

ES IST, wie es IST*

* IST ES DENN GUT?

DAS HAT NOCH NIE GEKLAPPT*

*DESWEGEN VERSUCHEN WIR ES ERST GAR NICHT.

Diese lähmenden Kommunikationsregelkreise haben ganz verschiedene Ausprägungen: Der »Ja aber«-Regelkreis, der »Schwarzer Peter«-Regelkreis, der »Nörgler«-Regelkreis, der »Man müsste«-Regelkreis, der »Da müssen wir aufpassen«-Regelkreis, der »Ich bin so hilflos«-Regelkreis, der »Zu Tode reiten«-Regelkreis und so weiter. Das Gute: Man erkennt diese sprachlichen Muster ziemlich schnell – und sie entlarven eine festgefahrene, deterministische, ja fast schon fatalistische Weltsicht. In diesem Verständnis sind Menschen passive Teilnehmer*innen der Welt und fühlen sich von irgendwelchen Mächten herumgeschubst, Marke: Ich würde ja gern, bin aber auch nur Opfer der Umstände! Die Psychologin Carol S. Dweck fand heraus, dass es zweierlei Arten von Mindset gibt. Menschen mit einem statischen Mindset und Menschen mit einem Mindset of Growth.[6] Letztere erreichen immer ein höheres Potenzial in ihrem Leben, weil sie offen und lösungsorientiert sind, Fehler und Probleme als Herausforderung betrachten und schnell ins Handeln kommen.

6 Carol S. Dweck: Mindset. The New Psychology of Success. Ballantine Books, New York 2007

Wie du rauskommst aus Jammerkreisen? Indem du sie erkennst, benennst und bewusst durchbrichst. Oder indem du sie einfach verlässt – nicht selten ist das die bessere Entscheidung.

> *» The very long tail*
> *of the future is already here. «*
> Kevin Kelly, Kybernetiker

NICHT MITEINANDER KOMMUNIZIERENDES KREISFÖRMIGES (ASIATISCHES) UND LINEARES (ABENDLÄNDISCHES) DENKEN.

DIE HELIX ALS SYMBOL FÜR MODERNES, KYBERNETISCHES DENKEN

WERDE ZUR KYBERNETIKERIN!

Im verwunschenen Garten des Museums Kranenburgh im niederländischen Bergen entdeckten Utes Kinder das begehbare Seilkunstwerk von Chiel Kuijl. Der Künstler hatte durch den gesamten Garten Seile gespannt, die über diverse abenteuerliche

Holzkonstrukte miteinander verbunden sind: Holzplanken in schwindelerregender Höhe, Schaukeln und Hängebrücken. Kletterten die Kinder am einen Ende des Gartens auf eine dieser Brückenkonstrukte und wippten vorsichtig mit ihren Füßen darauf herum, bewegte sich am anderen Ende des Gartens plötzlich eine Schaukel, die an einem Ast hing – welch großer Spaß!

Kybernetische Kunst verdeutlicht uns, wie komplexe Systeme funktionieren und wie Kybernetiker die Welt sehen: als abhängige, bewegliche Systeme, die miteinander vernetzt sind. Mit dem Betreten des Kunstwerkes sind Utes Kinder Teil des Systems. Mit ihrer Dynamik und Energie bringen sie das gesamte System in Bewegung. Genau nach diesem Prinzip funktioniert Veränderung. Wir alle bringen Energie und Dynamiken in Systeme und können sie dadurch beeinflussen.

NEUE PERSPEKTIVEN, BITTE

Über ein neues Verständnis von Wirtschaft und Gesellschaft

> *» Your opinion is not*
> *my reality. «*

Steve Miraboli, Schriftsteller

Wer kennt sie nicht, die berühmte Szene aus Tom Sawyer, in der der clevere Waisenjunge seine Freunde dazu bringt, Tante Pollys Zaun zu streichen. Indem Tom etwas Banales zu etwas ganz Besonderem und äußerst Exklusivem macht. Diesen Trick nennt man auch Knappheitsprinzip. Luxusgüter funktionieren nach diesem Prinzip.

 **Ute: »Das hätte sich Tom Sawyer vermutlich auch nicht gedacht, dass er mal das Vorbild für die rot lackierten Sohlen der Louboutin-Pumps wird.« Martina: »Für mich ist es schon Luxus genug, Louboutin fehlerfrei auszusprechen!«**

Sowieso steckt das Buch voller Lebensweisheiten, was es heute, nach über 150 Jahren, immer noch zu einer spannenden Gutenachtlektüre nicht nur für Kinder macht. Eine Szene mögen wir besonders. Und zwar die, in der Tom und sein Freund Huckleberry Finn versuchen, einen Schatz zu finden:

Tom und Huck schmieden Schatzgräberpläne und unterhalten sich darüber, wo Räuber ihre Beute wohl verstecken. Schließlich wollen sie ihre Kräfte schonen und nicht überall herumbuddeln. Sie wissen aus ihren Räubergeschichten, dass Gold und Edelsteine nur an ganz besonderen Plätzen liegen: auf Inseln, in alten Truhen, am Ende eines Schattens, den der Ast eines alten, verdorrten Baumes bei Mitternacht wirft, aber meistens unter dem Fußboden in Häusern, in denen es spukt. Nach einer Weile wundert sich Huck, warum die Räuber ihre Schätze eigentlich verstecken: »Wenn's meins wär, würd ich's ausgeben und feiern.« Tom pflichtet dem nur bei: »Ich auch, aber Räuber machen's anders; die verstecken's immer und lassen's liegen.«

Ups! Was hat die Geschichte mit uns zu tun? Mit der Art und Weise, wie wir denken, leben und arbeiten. Gar mit Innovationsmanagement? Ziemlich viel. Die Wahrnehmung der Welt ist höchst unterschiedlich und meist sehr subjektiv. Schon der schottische Philosoph David Hume (1711–1776) stellte fest, dass es ein schwieriges Geschäft sei, einzelne Beobachtungen zu allgemeinen Regeln zu erheben, weil man aus Hast und Geistesbeschränktheit die Sache nicht allseitig betrachte und deshalb leicht in Missgriffe gerate.

Stellen wir uns nur mal vor, die beiden Jungs wären mittlerweile erwachsen und würden heute ein Unternehmen leiten: die Schatzgräber & Co. Aktiengesellschaft, St. Petersburg Missouri. Sie hätten ihr Wissen immer noch aus einigen Räubergeschichten und vielen tradierten, mystischen Lagerfeuererzählungen. Sie halten ihre Sichtweise nicht nur für plausibel, sondern für die objektive Wahrheit!

Nun, Missouri wäre vermutlich voller Löcher. Bagger würden bei Vollmond sämtliche Wälder umnieten, und vielleicht wäre auch mal irgendwann ein Schatz dabei. Weil ihr Business nicht so wirklich läuft und ihnen sowohl Aktionäre als auch Umweltaktivist*innen im Nacken sitzen, wenden sie sich an uns mit der Frage, was sie denn tun könnten, denn hey, der Rubel muss schließlich rollen.

> *» Neue Perspektiven öffnen uns*
> *die Augen dafür, wie wir kontinuierlich*
> *unsere Realität beeinflussen. «*
> Peter Senge, Organisationswissenschaftler

Vermutlich würden wir Tom und Huck empfehlen, nicht mehr nur ihre eigene Sichtweise zur Maxime zu erheben, sondern mehr Perspektiven in ihr Unterfangen einzubringen. Aha! Also mit Leuten zu sprechen, die über ein gewisses Maß an faktischem Schatzgräberwissen verfügen: Gab es überhaupt schon Schatzfunde in dieser Gegend? Welche Räuberbanden in der Gegend sind historisch belegt? Wo haben diese gelebt? Von welchen Schätzen in der Gegend ist bekannt, dass sie bis heute nicht gefunden wurden? Gibt es alte Schatzkarten? Würden Metalldetektoren helfen? Mit diesem Wissen könnte man sich dem Thema neu nähern. Vielleicht stellte man dann auch fest: Schätze finden in Missouri ist eine wirklich miese Geschäftsidee. Anstatt Bäume umzunieten, sollten die beiden besser Bäume pflanzen. Ja! Ein Business aufbauen mit nachhaltigem Impact – und nicht weiterhin darauf setzen, dass Naturschützer*innen hinter ihnen aufräumen und den angerichteten Schaden ausgleichen.

Hand aufs Herz: Würden wir Tom und Huck wirklich reinen Wein einschenken und ihr Geschäftsmodell von Grund auf infrage stellen? Oder würden wir unseren neuen Auftraggebern nicht eher ein paar bunte PowerPoints präsentieren mit dem ein oder anderen Innovatiönchen, das nicht wirklich wehtut? Denn hey, der Rubel muss schließlich auch für uns rollen. Die Autorin und Ökonomin Maja Göpel berichtet in ihrem Buch *Unsere Welt neu denken*[7], wie erschrocken viele ihrer Kommiliton*innen reagierten, als sie es wagte, ihrem Professor während einer Vorlesung ein paar kritische Fragen zu stellen. Ups! Wie konnte sie nur so anmaßend sein? Ihre Lehrmeinungen und Weisheiten sind doch fast Gesetz! Letztlich steckt darin ein gewisses Veränderungsdilemma. Die einen wissen nicht, dass es auch anders geht, die anderen trauen sich nicht, es zu sagen.

Ein Wirtschaftsnarrativ, das sich bis heute beharrlich hält, ist das Narrativ über den *Homo oeconomicus*. Dabei haben Werner Güth und Axel Ockenfels mit dem Ultimatumspiel das Denkmodell längst widerlegt. Und Student*innen der Ökonomie fordern seit Jahren ihre Professor*innen auf, vom alten Kanon abzurücken und endlich auch andere Perspektiven auf den Menschen zuzulassen. Er sei eben nicht nur auf den eigenen Vorteil bedacht, sondern verhalte sich durchaus auch moralisch und fair.

> **»Unser Menschenbild sollte eine Wirtschaftsweise fordern, von der alle Menschen gleichermaßen profitieren.«**
> *Maja Göpel, Ökonomin*

Neben Maja Göpel sind es derzeit vor allem weibliche Ökonominnen wie Mariana Mazzucato, Kate Raworth, Esther Duflo, Stephanie Kelton oder Carlota Pérez, die unser Wirtschafts- und Gesellschaftssystem anders denken. Sie konstruieren mit ihren Ansätzen neue Wirklichkeiten und bringen dadurch alte Glaubenssätze ins Wanken. Allen voran, dass sich alles mithilfe abstrakter, mathematischer Modelle berechnen und somit auch steuern lässt. Selbst die Klimakrise.

7 Maja Göpel: *Unsere Welt neu denken*. Ullstein Buchverlage, Berlin 2020, S. 58

Ute: »Bepreisung von CO_2 – viel mehr fällt der klassischen Ökonomie zum Thema Klimawandel nicht ein.«

Martina: »Wie auch? Sie bleibt ihrer Logik verhaftet: Alles folgt einer Kosten-Nutzen-Rechnung, selbst Klimafolgen sind ein berechenbares Risiko, der Markt wird es schon richten.«

Ute: »Nur rennt uns derweil die Zeit davon … der Klimawandel bedroht nicht nur unseren Wohlstand, sondern unsere Existenz!«

Wenn du also das nächste Mal den Eindruck hast, dass Entscheidungen aus der subjektiven Perspektive von einigen wenigen getroffen werden, und du findest, dass eine weitere, neue Sichtweise einem Thema guttun würde, dann bring dich ein! Es liegt an dir, die bestehenden Wirklichkeiten infrage zu stellen. Wie?

Schritt 1: Indem du zuerst einmal deine eigenen Sichtweisen auf den Prüfstand stellst und neue Wirklichkeiten zulässt. Deine Filterblase verlässt. Newsfeeds abbestellst (oder neue dazu). Zeitungen im Ganzen liest sowie Bücher von Autor*innen, die nicht auf deiner gewohnten Wellenlänge blubbern. TED Talks zu Themen lauschst, die dich vielleicht erst einmal abtörnen. Anfängst, zu diskutieren. Mit Menschen, die aus anderen Kulturkreisen kommen, viel älter sind oder viel jünger. Ja auch mit deinen Kindern. Lade sie ein, ihre Perspektiven zu schildern, und höre einfach nur mal zu. Aha!

Schritt 2: Indem du deine Stimme erhebst und »Moment mal« sagst, »das kann man auch ganz anders sehen«. Gewohnheiten, Regeln und Abläufe mutig infrage stellst und dich bei Gegenwind nicht entmutigen lässt. Kurz: Sichtbar, hörbar, spürbar wirst.

Die Konstruktion eines neuen Verständnisses von Wirtschaft und Gesellschaft fängt bei uns an! Ja! Und nur durch aktives Einbringen und Machen konstruieren wir die Welt vielfältiger.

ZWISCHENRAUM

Schauspieler*innen sehen die Welt immer multiperspektivisch, schon von Berufs wegen. Sie nutzen diese ganz verschiedenen Sichtweisen, um ihr Repertoire zu erweitern, stetig Neues zu erlernen und geistig und körperlich beweglich zu bleiben. Die Sichtweise von Schauspieler*innen auf die Welt ist eine konstruktivistische Sichtweise, in der es eine objektive Wahrheit nicht gibt. Wenn du das folgende Schema betrachtest,

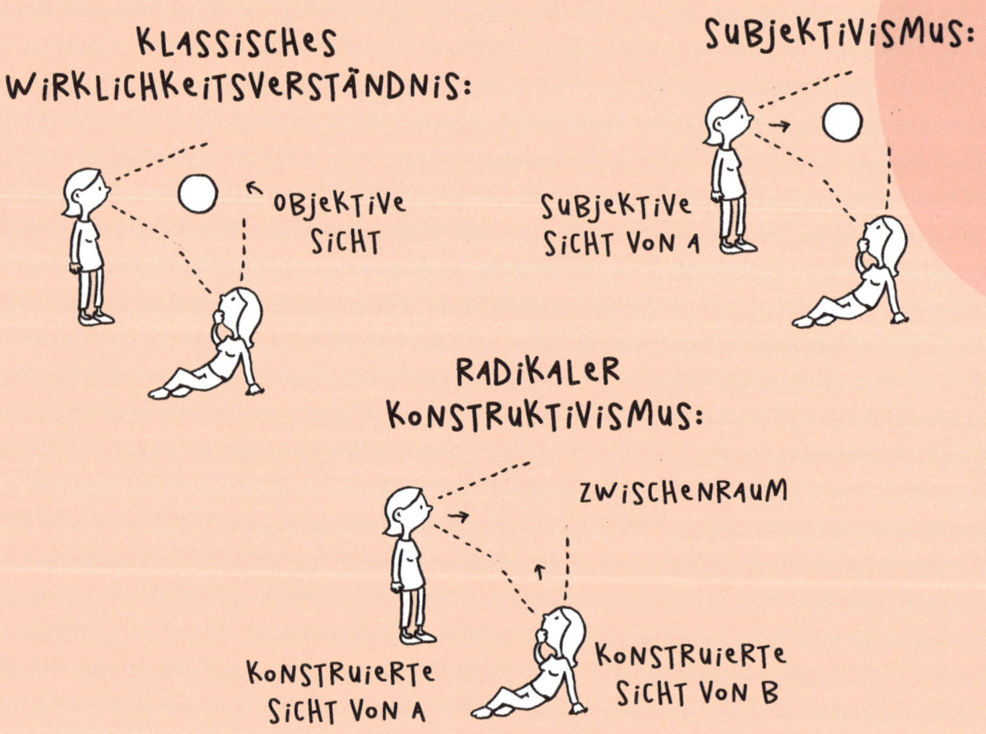

KLASSISCHES
WIRKLICHKEITSVERSTÄNDNIS:

OBJEKTIVE
SICHT

SUBJEKTIVISMUS:

SUBJEKTIVE
SICHT VON A

RADIKALER
KONSTRUKTIVISMUS:

ZWISCHENRAUM

KONSTRUIERTE
SICHT VON A

KONSTRUIERTE
SICHT VON B

so erkennst du, dass es in der radikal konstruktivistischen Sichtweise immer einen Raum zwischen Personen gibt. Versuche, dir diesen Zwischenraum in der nächsten Diskussion vorzustellen. Sagt dein Gegenüber beispielsweise: »Das ist völliger Quatsch«, dann weißt du, das ist nur eine Möglichkeit der Sicht auf die Dinge. Stelle dir bildlich vor, dass dein Gegenüber diese Perspektive in diesen Zwischenraum legt. Andere Sichtweisen, andere Möglichkeiten haben in diesem Raum aber auch ihre Berechtigung. Sie müssen deshalb nicht immer richtig oder zutreffend sein, aber sie haben als eine mögliche Perspektive erst mal Platz. In diesem Konstrukt des neutralen Zwischenraumes bist du immer offen, beweglich und sprachfähig. Die beiden anderen Wirklichkeitsverständnisse auf dem Schaubild, das der objektiven und subjektiven Wahrheit, sind ziemlich starr und deterministisch, also festgelegt.

Martina: »Aus einer konstruktivistischen Sichtweise heraus gibt es übrigens auch keine unaufgeräumten Kinderzimmer mehr, sondern nur verschiedene Perspektiven auf ein Zimmer, in dem Sachen herumliegen.«
Ute: »Erzähl' das bloß nicht meinen Kindern!«

WIE GEHT DER DENN?

Folgende Übung zur konstruierten Wirklichkeit kommt ebenfalls aus den Grundlagen der Schauspielerei, besser gesagt dem Improvisationstheater. Im Unterricht lässt man eine Person durch einen Raum gehen – wie gewohnt – und bittet die anderen Teilnehmer*innen, deren Gang nachzuahmen. Die

Aufgabe dabei – beobachtet genau: Welche Haltung hat der Kopf, hängen die Schultern nach vorne, schlenkert der rechte Arme mehr als der linke, ist der Gang sehr aufrecht oder eher federnd ... und wie fühlt sich diese Art zu gehen an? Ein Mensch, der beispielsweise federt, sieht auch die Welt ein wenig federnd und dynamisch. Eine ähnliche Übung heißt »Durch die Tür kommen«. Jemand, der die Türe leise und vorsichtig aufmacht und sich um die Türe herumdruckst, oder jemand, der die Türe weiträumig aufstößt und mit großen Schritten eintritt. Zwei Welten, zwei Geschichten, zwei Perspektiven auf sich selbst im Verhältnis zum Raum und damit auch zu anderen Menschen.

Beide Übungen kannst auch du ausprobieren, wenn du durch den Supermarkt gehst oder im Wald deine Runde drehst. Wie fühlt es sich an, schnell zu gehen oder langsam, den Blick in die Ferne zu richten oder immerfort auf den Boden? Und entdecke all die Möglichkeiten, die im Öffnen einer Tür liegen. Wissenschaftliche Unterfütterung bekommen die Übungen durch die Forschungsergebnisse zum Embodiment (Verkör-

STAGES OF EMBODIMENT

perung), eine These aus der neueren Kognitionswissenschaft, die besagt: Nicht nur die Psyche hat Einfluss auf unseren Körper, auch umgekehrt hat die Art und Weise, wie wir stehen, gehen und sprechen, Einfluss auf unsere Kognition, auf unsere Gefühle, Stimmungen, Einstellungen und Urteile.

MULTIPERSPEKTIVITÄT

In ihrem lesenswerten Buch *New Work needs Inner Work*, schreiben Joana Breidenbach und Bettina Rollow: »Bei der Multiperspektive tritt der Mensch teils aus dem eigenen Erleben heraus, um die Perspektive des anderen noch viel umfassender einzunehmen.«[8] Aber wie geht das, aus dem eigenen Erleben heraustreten? Unser Tipp: Fange im Alltag damit an. Zum Beispiel indem du mit deinen Kindern übst. Gibt es Streit? Frage die Kinder, wie sie die Situation lösen würden, wenn sie Vater oder Mutter wären. Gib ihnen bewusst die Rolle der Erwachsenen. Und umgekehrt: Spiele du das Kind. Wie fühlt sich die Reaktion der Eltern an? Kannst du die Argumente nachvollziehen? Fühlst du dich verstanden? Oder ungerecht behandelt? Oder probier es mal mit den Denkhüten von Edward de Bono.[9] Hier wird ein Thema aus sechs verschiedenen Rollenperspektiven beleuchtet. Jede Rolle hat einen Hut in einer anderen Farbe, und jede Farbe steht für eine andere Haltung: Schwarz = pessimistisch, Gelb = optimistisch, Blau = ordentlich ... geht in der Familie, mit Freund*innen und natürlich auch mit Kolleg*innen.

8 Joana Breidenbach / Bettina Rollow: *New Work needs Inner Work*. Vahlen, München 2019, S. 81
9 Edward de Bono: *Das Sechsfarben-Denken. Ein neues Trainingsmodell*. Econ, Düsseldorf 1987

DER GANZHEITLICHE BLICK

Alles hängt mit allem zusammen – über positive und negative Loops

» *Weltverbesserung fängt zu Hause an.* «

Pearl S. Buck, Schriftstellerin

Utes elfjähriger Sohn ist seit dem Tönnies-Fleischskandal in der Corona-Zeit Vegetarier – und das, obwohl er wirklich gerne selber kocht und ein kleiner Feinschmecker ist. Schon im Kindergarten hatte er am liebsten Serrano-Schinken auf seiner Stulle. Die Bilder aus der Fabrik haben ihn aber derart geschockt, dass er für sich entschieden hat: Fleisch, nein danke. Zumindest keins aus Massentierhaltung. Denn seit ein paar Tagen stellt er sich die Frage, ob denn vielleicht ein Stückchen qualitativ hochwertiges Fleisch nicht doch drin wäre. Seitdem diskutieren wir: Wie sieht es mit Reh, Hirsch oder Wildschwein aus? Wäre das Fleisch von einem Demeterhof eine Alternative? Oder die Bioschweine von einem befreundeten Züchter. Manchmal nervt es uns Eltern ein bisschen, eigentlich wollen wir nur in Ruhe essen. Aber letztlich finden wir seine differenzierte Sichtweise gut, unser Sohn erzieht uns mit seiner Haltung zum nachhaltigen Konsum. Wie neulich beim Abendbrot. Er nimmt eine Packung mit Pastrami in die Hand, scannt mit seinem Handy das Etikett ab und sagt: »Das würde ich nicht essen, die haben da ganz schlechte Arbeitsbedingungen!« Ups! Plötzlich sitzen die Arbeiter*innen des Fleischkonzerns mit bei uns am Esstisch.

Was passiert da? Plötzlich sind wir nicht mehr im linearen Denk-muster: Hunger, Einkaufen, Fleisch, Essen! Sondern mit einem Klick befinden wir uns in einem Konstrukt von Wirkungen und Zusammenhängen. Systemisches Denken nennt man dieses Den-ken in Wirkungskreisen (Causal Loops), und irgendwie haben unsere Fridays-for-Future-Kids das ganz schön drauf. Sie fragen nach dem Wie und Warum, gucken sich Wertschöpfungsketten an und betrachten alles aus ganzheitlicher Perspektive. Aha!

Dieses Denken in Wirkungskreisen ist neu und anders.[10] Weil es unser Handeln immer in Beziehung zu anderen stellt. Weil es uns zu aktiven, empathischen Gestaltern unserer Umwelt macht. Himmel: Warum haben wir eigentlich nicht schon vorher so ge-dacht?

 **Ute: »Wenn du in zirkulären Wirkungszusam-menhängen denkst und danach lebst, kommt es total auf deine persönliche Haltung und deine geistige Verfassung an.«**
Martina: »Ja absolut, ich merke das in der Arbeit mit meinen Student*innen, wenn ich da nicht vollkommen aufmerksam bin, sind sie es auch nicht!«

Inzwischen gibt es Organisationen, die neu und anders arbeiten und sich als Ganzes und permanent die Frage nach ihrer Wir-kung stellen. Das sind sogenannte Purpose Driven Organiza-tions. Den Sinn und Zweck ihrer Tätigkeit richten sie ganzheitlich aus, oft haben sie gar keine Ziele mehr. TEAL-Organisationen nennt der Autor Frederic Laloux in seinem Buch *Reinventing Or-ganizations* solche Organisationen.[11] Kennzeichen dieser Syste-me: Selbstführung, Ganzheit und evolutionärer Sinn. Letzteres

10 https://medium.com/disruptive-design/tools-for-systems-thinkers-the-6-fundamental-concepts-of-systems-thinking-379cdac3dc6a
11 Frederic Laloux: *Reinventing Organizations. Ein Leitfaden zur Gestaltung sinnstiftender Formen der Zusammenarbeit.* Verlag Franz Vahlen, München 2015

heißt, dass sich Unternehmen aus sich selbst heraus organisch in eine Richtung entwickeln und nicht erst auf Vorgabe und Richtungsentscheidung von oben warten und reagieren.

> *» Profit is what happens*
> *when you do everything else right. «*
> Yvon Chouinard, Unternehmer

DeNKeN iN EiNFACHeN WeNN-DANN-ZuSaMMeNHÄNGeN = LiNeaRes DeNKeN

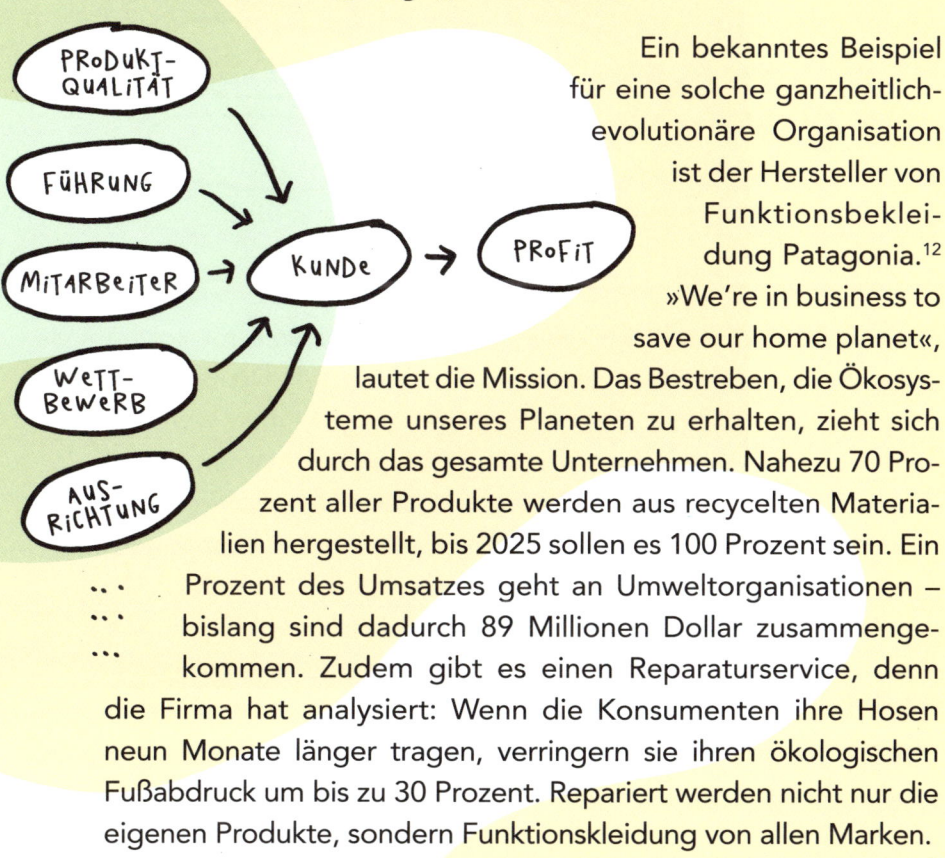

Ein bekanntes Beispiel für eine solche ganzheitlich-evolutionäre Organisation ist der Hersteller von Funktionsbeklei-dung Patagonia.[12] »We're in business to save our home planet«, lautet die Mission. Das Bestreben, die Ökosys-teme unseres Planeten zu erhalten, zieht sich durch das gesamte Unternehmen. Nahezu 70 Pro-zent aller Produkte werden aus recycelten Materia-lien hergestellt, bis 2025 sollen es 100 Prozent sein. Ein Prozent des Umsatzes geht an Umweltorganisationen – bislang sind dadurch 89 Millionen Dollar zusammenge-kommen. Zudem gibt es einen Reparaturservice, denn die Firma hat analysiert: Wenn die Konsumenten ihre Hosen neun Monate länger tragen, verringern sie ihren ökologischen Fußabdruck um bis zu 30 Prozent. Repariert werden nicht nur die eigenen Produkte, sondern Funktionskleidung von allen Marken.

12 https://corporate-rebels.com/patagonia/

DENKEN IN KREISLÄUFEN, WIRKUNGSZUSAMMENHÄNGEN UND FEEDBACK-LOOPS = ZIRKULÄRES UND SYSTEMISCHES DENKEN

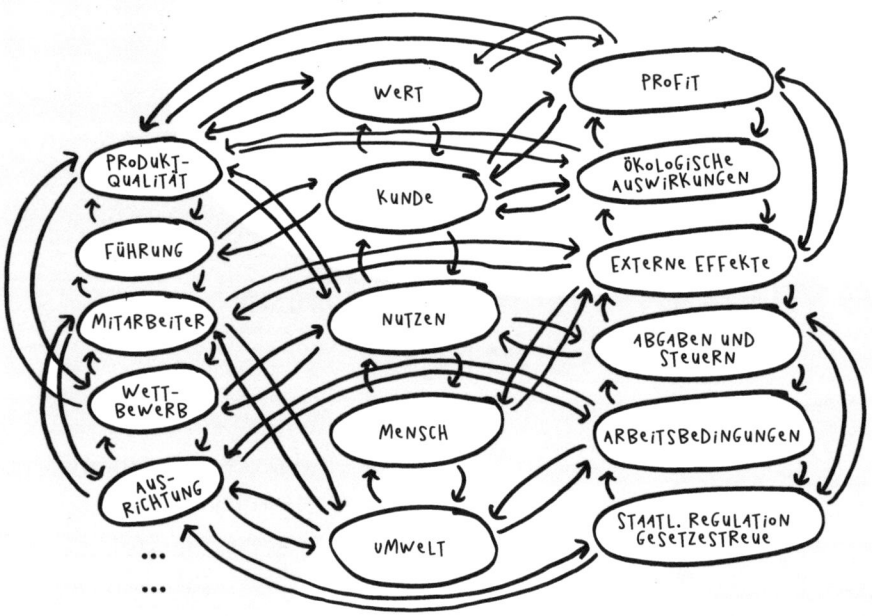

Auch in Deutschland gibt es immer mehr Beispiele für solche Unternehmen, Organisationen und Einrichtungen: Die Suchmaschine Ecosia, die mit ihren Unternehmensgewinnen weltweit Bäume pflanzt, besonders in von Waldrodung betroffenen Regionen. Der Kondomhersteller Einhorn, dessen Mitarbeiter*innen arbeiten, wann sie Lust haben, und ihr Gehalt selbst bestimmen. Der Sportartikelhersteller Vaude, der als erstes Unternehmen in der Outdoor-Branche seinen Beitrag zum Gemeinwohl misst und das Ergebnis in einer auditierten Gemeinwohl-Bilanz veröffentlicht. Der Energieversorger Polarstern, der neben 100 Prozent Ökostrom auch 100 Prozent Ökogas anbietet, gewonnen aus organischen Reststoffen. Die Heiligenfeld Kliniken, die nicht wie sonst üblich von einem Klinikchef geleitet werden, sondern von einem gleichberechtigten vierköpfigen Gremium, und zudem die Haustiere der Patient*innen in die Therapie mit einbinden. Die Grundeinkommenslotterie, die per Crowdfunding 12000 Euro einsammelt und das Geld dann als bedingungsloses Grundeinkommen verlost, ohne Bedingungen, offen für alle. Die Evangelische Schule Berlin Zentrum (ESBZ), in der neben Mathe, Physik und Deutsch auch Verantwortung und Herausforderung gelehrt werden. Das B Lab Europe, das Unternehmen vereint, die sich in ihren Statuten zu gesellschaftlichem Mehrwert und ökologischer Nachhaltigkeit bekennen – inzwischen zählt die Organisation gut 3600 Mitglieder in mehr als 65 Ländern. Auch wenn vielleicht nicht alles schon 110-prozentig klappt: Sie alle haben sich auf den Weg gemacht – oftmals still und unaufgeregt. Weil sie überzeugt davon sind, dass nicht höher, schneller, weiter das Ziel mehr sein kann, sondern bewusster, langsamer, nachhaltiger. Weg vom linearen Wirtschaften. Hin zu einem Denken und Handeln in Wirkungskreisen.

> *» Wir gehen mit dieser Welt um,*
> *als hätten wir noch eine*
> *zweite im Kofferraum. «*
> *Jane Fonda, Schauspielerin*

Das Schöne: Im Wissenszeitalter sollten wir nicht nur herausfinden, welchen messbaren gesellschaftlichen, sozialen und ökologischen Impact Unternehmen haben, mit denen wir in Beziehung stehen als Geschäftskund*innen, Mitarbeiter*innen oder Kund*innen. Wir können es auch. Aha! Die Informationen, die wir dazu benötigen, finden wir im Netz mit oft nur wenigen Klicks – oder indem wir uns einfach mal auf den Weg machen. Hat das Unternehmen, von dem wir Produkte beziehen, ein Corporate-Blog mit interessanten Artikeln, auf dem du mitdiskutieren kannst? Lassen Unternehmen auch kritische Stakeholder*innen öffentlich zu

Wort kommen? Kannst du ein Unternehmen einfach mal so besuchen? Reinspazieren, umgucken, Hallo sagen? Auf Internetseiten wie trustami.com kannst du Arbeitgeberbewertungen über Unternehmen nachvollziehen. Und selbst die Wertschöpfungsketten können inzwischen getrackt werden. In Zusammenarbeit mit dem World Wildlife Fund Österreich hat die Start-up-Schmiede BCG basierend auf der Blockchain-Technologie die Plattform OpenSC entwickelt. Dort können Kund*innen und Unternehmen die Herkunft und die Produktionsbedingungen eines Lebensmittels erfahren. Und so illegale, umweltschädliche oder unethische Produkte erkennen und vermeiden.

Wenn wir also nicht wollen, dass das ungute Gefühl länger bei uns am Tisch sitzt, sollten wir die Unternehmen anstupsen, immer und immer wieder. Ja! Mit ihren Monitoring-Tools und Big-Data-Systemen hören sie nämlich sehr wohl in die sozialen Medien hinein, und ihre Customer-Relationship-Management-Programme sollten nicht nur in die eine Richtung »Unternehmen – Kunde« sondern auch in Richtung »Kunde – Unternehmen« verstanden werden. Das Internet macht uns zu mündigen Marktteilnehmern: Power to the people, power to us customers!

Es gibt eine Vielzahl an Büchern, die Wirtschaft und Organisationen neu und ganzheitlich denken, hier eine Mini-Auswahl:

Margaret J. Wheatley und Myron Kellner-Rogers: *A Simpler Way.*
Erschien 1996 in San Francisco und ist für uns *das* Zukunftsbuch schlechthin. Offenbart eine grundlegend andere Weltanschauung, die die Art und Weise verändern kann, wie wir unser Leben leben, wie wir Organisationen und unsere Arbeit auf eine etwas andere Art und Weise erfolgreich gestalten können.

Kate Raworth: *Die Donut-Ökonomie. Endlich ein Wirtschaftsmodell, das den Planeten nicht zerstört.*
Der Planet steht kurz vor dem Kollaps. Der Mensch muss lernen, sich innerhalb der planetaren Grenzen zu bewegen. Als Sinnbild dafür nutzt die britische Wirtschaftswissenschaftlerin den Donut. Im Inneren unsere Kernbedürfnisse: Zugang zu Nahrung und Wasser, gesellschaftliche Teilhabe, ein Dach über dem Kopf. Der äußere Kreis ein kluges Miteinander aus Wirtschaft, Politik und Ökologie. Weil ein Kringel reicht und reichen muss.

Niko Paech: *Befreiung vom Überfluss. Auf dem Weg in die Postwachstumsökonomie.*
Wirtschaftswachstum um jeden Preis? In seinem Gegenentwurf fordert der Volkswirt, industrielle Wertschöpfungsprozesse einzuschränken und lokale Selbstversorgungsmuster zu stärken.

Henrike von Platen: *Über Geld spricht man. Der schnelle Weg zur Gleichstellung.*
Faire Bezahlung ist für die Gründerin des Fair Pay Innovation Lab *der* Schlüssel zur Gleichstellung. Hier bekommst du Impulse, was Wirtschaft und Politik und jede*r Einzelne tun kann, um die Lohnlücke endlich zu schließen.

Rick Levine, Christopher Locke, Doc Searls, David Weinberger:
Das Cluetrain Manifest.
Erschien 1999 und war *die* Bibel für so manch einen, der damals ins digitale Zeitalter aufbrach. Wurde 2015 mit den »New Clues« aktualisiert und enthält 121 ziemlich radikale Thesen über die Beziehungen und Wechselwirkungen zwischen Unternehmen und ihren Kund*innen. Unsere Lieblingsthesen: »Märkte sind Gespräche« und: »Unternehmen, die nicht realisieren, daß ihre Märkte jetzt von Mensch zu Mensch vernetzt sind, deshalb immer intelligenter werden und sich in einem permanenten Gespräch befinden, verpassen ihre wichtigste Chance.« Es macht zutiefst Sinn, hin und wieder zu diesem Buch zu greifen oder die Thesen auf www.cluetrain.com nachzulesen.

ZEICHNE EINEN WIRKUNGSKREIS DER GUTEN LAUNE

Wenn du Lust hast, dich in systemischem Denken auszuprobieren, zeichne deinen eigenen Wirkungskreis und damit dein vielleicht erstes Causal-Loop-Diagramm. Das Thema Glück und seine zirkuläre Verbreitung.
Erster Kreis: Du stehst morgens auf. Du fühlst dich erfrischt und munter, hast prima geschlafen und freust dich auf den Tag.
Zweiter Kreis: Mit diesem Gefühl triffst du nun auf die nächste Person, deine*n Partner*in, deine Kolleg*innen, deine Freund*innen, wie reagieren sie auf deine gute Laune?
Dritter Kreis: Auf wen treffen sie als Nächstes? Wen beeinflussen sie mit ihrer guten Laune?
Vierter Kreis: Auf wen treffen die Freund*innen oder Lehrer*innen der Kinder im Verlauf ihres Tages ...
Causal Loops verdeutlichen den Schmetterlingseffekt, also die Tatsache, dass wir mit unserem Verhalten die Welt um uns herum mit nur einem freundlichen Impuls am Morgen, einer

WER WIRKT WIE AUF WEN?

ZEICHNE MIT EINEM CAUSAL-LOOP-DIAGRAM
DEINEN WIRKUNGSKREIS DER GUTEN LAUNE!
EINFACH PFEIL-VERBINDUNGEN EINZEICHNEN
UND NAMEN UNTER DIE KÖPFE SCHREIBEN:

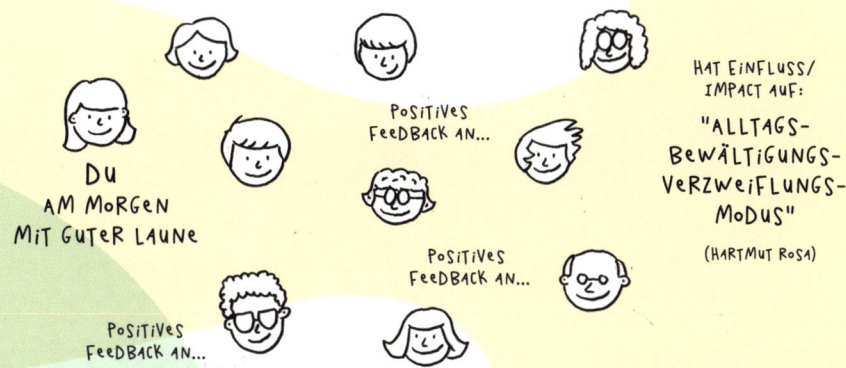

DU
AM MORGEN
MIT GUTER LAUNE

POSITIVES
FEEDBACK AN...

POSITIVES
FEEDBACK AN...

POSITIVES
FEEDBACK AN...

HAT EINFLUSS/
IMPACT AUF:

"ALLTAGS-
BEWÄLTIGUNGS-
VERZWEIFLUNGS-
MODUS"

(HARTMUT ROSA)

netten Bemerkung beeinflussen können. Umgekehrt kann nur ein negativer oder blöder Kommentar von Kolleg*innen oder auch Passant*innen auf dem Weg zur Arbeit eine Kette an negativen Wirkungen nach sich ziehen – und Stunden, Tage, ja sogar Wochen nachwirken.

TELLERUNIVERSUM

Wer bei sich und seinen Kindern das Bewusstsein für Zusammenhänge und Wirkungskreise schärfen möchte, kann zu Tisch das Spiel Telleruniversum spielen. Schaut, was ihr auf euren Tellern habt, und überlegt euch Geschichten dazu. Woher kommt das Brot? Wer hat das Getreide geerntet? Woher stammt die Gurke? Wie schmeckt sie genau? Versucht, die Dinge genau zu beschreiben. Das macht Spaß und trainiert unser Bewusstsein für die Wertigkeit von Essen.

43

VOM KLEINEN INS GROSSE

Warum du lernen solltest, wieder wertfrei zu beobachten und zu staunen

» *Verlernt das Staunen nicht! Laßt euch ergreifen und erschüttern!* «

Else Croner, Schriftstellerin

Man muss schon ein bisschen verrückt sein, um ausgerechnet auf diese Start-up-Idee zu kommen: Partys ohne Alkohol! Verrückt, sagt wer? Der Mainstream? Who cares! Wer Innovationen macht, muss neu und anders denken, anders wahrnehmen können. Martin Bressem und Jonas Höhn gründeten vor fünf Jahren das Start-up detox Rebels und veranstalteten die ersten »No Kater«-Partys. Eine Marktlücke, wie sich herausstellte. Die detox Rebels sind die Straight Edger der neuen 20er. Achtsamkeit meets Hipster-Style. Ihr Slogan: Gesundheit und Spaß müssen keine Gegensätze sein. Ups! Wo isser hin, unser rebellischer Nachwuchs, der kiffend, rauchend und Dosenbier saufend auf dem Kirchplatz abhängt? Tja, weg isser! Jetzt wird Party mit 'ner kalt gepressten Mangoschorle oder 'nem feinperligen Sprudelwasser gemacht. Neuerdings bombardiert Facebook uns Mid-Ager sogar mit Anzeigen von der alkfreien Berliner Weinschmiede Kolonne Null. Und Fernsehmoderator »Nilzenburger« Bokelberg fragt verdutzt seine Follower*innen: »Echt jetzt Facebook?«

Wir wollten wissen, was dran ist an dem Hype, und haben auf einer Party beobachtet, dass die jüngeren Partygäste tatsächlich

45

nur Softdrinks und alkoholfreie Spirituosen trinken. Auf die Frage »Warum?«, erhielten wir die Antwort: Alkohol ist doof, weil man dann am nächsten Tag keinen Sport mehr machen kann, und der sei wichtiger als Rausch. Genauso wie gesunder Schlaf. Zudem erfuhren wir, dass Selbstreflexions-Business-Bücher wie *Atomic Habits*[13] ziemlich angesagt sind. Aha! Kurzum: Alkohol als Partymuss ist Schnee von gestern. Wasser mit einem Zweig Minze oder einem Scheibchen Gurke ist das neue Cool. Klarer Kopf, Präsenz, Gesundheit, Fitness, Schlaf und Bewusstseinsübungen statt kollektiver Volksvernebelung.

> **»Die Fähigkeit, zu beobachten,
> ohne zu bewerten, ist die höchste Form
> der Intelligenz.«**
> *Jiddu Krishnamurti, Philosoph*

Warum schreiben wir das alles? Weil Beobachten essenziell ist und vollkommen neue Spielfelder eröffnet. Statt im Ledersesselchen zu sitzen, ist man in Bewegung – in Kontakt mit echten Menschen! Oder wie Silicon-Valley-Entrepreneur Eric Ries in seinem Buch *Lean Startup* schreibt: »Get out of the building!«[14] Ja! Denn das Verhalten von Menschen ist komplex und vielfältig wie unsere Welt – und zudem irrational. Natürlich, es gibt die Marktforschung. Der Einwurf ist berechtigt. Doch können gesichtslose MF-Balkendiagramme wirklich all die Zwischentöne abbilden, aus denen sich letztlich auch Produkte und Dienstleistungen entwickeln lassen, die einen wirklichen Nutzen und Mehrwert stiften? Was hätte beispielsweise eine klassische Analyse den beiden Detox-Rebellen Bressem und Höhn gebracht? Vermutlich dass der Alkoholkonsum seit 2010 bei zehn Litern pro Kopf stagniert und das Rauschtrinken bei Jugendlichen rückläufig ist.

13 James Clear: Atomic Habbits. An Easy & Proven Way to Build Good Habits & Break Bad Ones. Penguin Random House, New York 2018

14 Eric Ries: Lean Startup. Schnell, risikolos, erfolgreich Unternehmen gründen. Redline Verlag, München 2012

> »*Ich möchte Sie dazu einladen, die Welt, in der Sie, ich, wir alle leben, genauer anzuschauen, um das, was in ihr möglich ist, wieder neu zu denken.*«
> *Maja Göpel, Ökonomin*

Einzelbeobachtungen liefern uns bessere Erkenntnisse über das, was Menschen wirklich wollen und brauchen. Oft zaubern sie Unbewusstes hervor. Zudem sind sie kostenlos und jederzeit zu haben. Jedoch setzt Feldforschung voraus, dass wir uns für die Bedürfnisse und Probleme unserer Mitmenschen wirklich interessieren. Einfach nur die Blicke schweifen lassen für einen Moment und dann schnelle Rückschlüsse ziehen, reicht nicht aus. Man muss wie auf der Non-Alkoholic-Party schon genauer hinschauen – und dabei Wertungen unbedingt außen vor lassen. Es ist, als stünde man auf einem fremden Planeten und würde der Base auf der Erde erklären, was gerade stattfindet. Verhalten, Bewegungen, Mimik, Gestik, Blickverläufe – jede Kleinigkeit, jedes Detail, jede Besonderheit zählt. Oder wie zu Schulzeiten Gedichte analysieren: Satz für Satz zerlegen, Hypothesen aufstellen und gegebenenfalls wieder fallen lassen, Einordnung und Bewertung erst ganz zum Schluss.

Gelingt es uns, so sind wir immer wieder erstaunt darüber, was Menschen im wahrsten Sinne des Wortes bewegt! Und wir können dich nur ermuntern, diese Art der Wahrnehmung auch für dein berufliches Team, deine Familie anzuwenden. Du wirst ganz viele Ups!, Ahas! und Jas! sammeln. Agilität, von der so viele reden, heißt nämlich auch: Gehe bewusst hinaus in die Welt. Beobachte mit offenen Augen. Alles ist von Bedeutung. Und ja, lerne neu, zu staunen. Denn im Staunen und in der Verwunderung, so Aristoteles, liegt der Beginn von Weisheit und Philosophie. Und ermöglicht auch eine ganz andere, tiefere Form von Beziehungsqualität.

 **Martina: »Dominanzverhalten will anderen eigentlich nur zeigen: Die Welt ist, wie ich sie sehe! Und ist damit ganz weit weg von open mind und Weisheit.«**

Nebenbei: Auch wenn wir uns ein bisschen lustig über den Non-Alcohol-Trend machen, Ute ist selbst überzeugte Detox-Partygängerin. Wilde Renate Berlin? Ohne Alkohol! CSD-Party im Jovel und Halloween-Party im Theatercafé? Gerne mit 0,0 hin und 0,0 zurück! Hin und wieder trinkt sie Bier und Wein, aber auch sie spürt, dass sie danach schlechter schläft und die morgendliche Joggingrunde schwerer fällt. Also wägt sie ab, Alkohol oder gut schlafen. Und Martina findet es ohnehin spannend, auf jegliche Art von Genussmittel ab und an zu verzichten. Weil es irgendwie ein Gefühl von Freiheit vermittelt, wach zu sein ohne Kaffee und zu feiern, ohne trinken zu müssen.

 # DIE NULLSTELLUNG

Um Dinge und Menschen objektiv wahrzunehmen, benötigst du die Fähigkeit, jeden Tag aufs Neue unvoreingenommen auf deine Welt zu blicken. Wie ein Kind, das jeden Morgen aufwacht und staunend und neugierig auf Entdeckungstour in die Welt hinausgeht. Es hat ein bisschen was vom Neuralyzer bei *Men in Black*, dieses stiftähnliche Ding, mit dem Agent J und Agent K Menschen das Kurzzeitgedächtnis ausknipsen. Oder der Nullstellung bei der Kupplung eines Autos. Letztlich ist es egal, welches innere Bild du benutzt, um dich zu befreien von all den Denkmustern, Modellen und Konstruktionen, die in deinem Kopf umherschwirren. Please,

reset! Als Hilfsmittel kannst du auch tief ein- und ausgedehnt ausatmen und danach für circa zwei Sekunden (21 … 22 …) den Atem anhalten. Stelle dir vor, wie dabei eine Gedankenlücke entsteht, atme dann weiter und dehne gedanklich diesen leeren Raum aus. Auch ein »Aha«, das du zu dir selbst leise sagst, verschafft dir einen kurzen Stopp. Experimentiere, damit du deinen eigenen Zugang zur Nullstellung findest – ein Schlüssel für einen offenen Blick auf unsere herrlich bunte Welt.

 ## INDUKTIV VERSUS DEDUKTIV

Von einem Massenphänomen ausgehend auf die Bedürfnisse eines jeden Einzelnen zu schließen, vom Großen aufs Kleine also, nennt sich deduktives Denken. Aus unserer Sicht ist diese Herangehensweise von gestern, denn sie führt in der Regel zu Nachahmung und me too. Für wirkliche Innovation braucht es den umgekehrten Move: vom Kleinen ins Große! Das nennt man induktives Denken, und obwohl es der alte Aristoteles entdeckte, ist es doch ziemlich neu – besonders für Unternehmen.

Beim induktiven Denken beginnen wir beim Einzelfall und bleiben bis zum Produkt, Dienstleistung oder Beurteilung für neue Erkenntnisse stets offen. Wir tasten uns suchend voran, in kleinen Schritten. Wie Künstler*innen, Literat*innen, Musiker*innen oder Schauspieler*innen von Skizze zu Skizze, Kapitel zu Kapitel, Takt zu Takt, Probe zu Probe, weil sie etwas gänzliches Neues erschaffen wollen, etwas Einzigartiges.

Dieses erkenntnisorientierte Vorgehen nennt man auch empirisches Vorgehen – und es lässt sich auf unseren Alltag übertragen, »Persönlichkeitsentwicklung vom Kleinen ins Große«. Nicht alles auf einmal infrage stellen und über Bord werfen, sondern behutsam Schritt für Schritt. Frei nach dem Leitmotiv: Der Weg ist das Ziel!

> *Innovation that happens from the top down tends to be orderly but dumb. Innovation that happens from the bottom up tends to be chaotic but smart.*«
> Steve Denning, Age-of-Agile-Storyteller

VERLIEBE DICH
NEU IN
DEIN LEBEN

Über achtsames Zuhören, Fragenstellen und Hineinspüren

»Zuhören ist die sanfteste unter den Praktiken der Liebe.«

Rudolf Bussmann, Schriftsteller

»Zuhören ist ein Akt der Liebe«, sagt Jon Kabat-Zinn. Er muss es wissen. Seit Jahrzehnten unterrichtet er Achtsamkeitsmeditation, damit Menschen weniger gestresst und weniger geplagt durchs Leben gleiten. Dabei ist er eigentlich studierter Molekularbiologe. Die Methode der »Mindfulness-Based Stress Reduction« (MBSR) wurde von ihm erfunden, unzählige Videos dazu findest du im Netz. Wenn du jetzt an Räucherstäbchen und Klangschalen denken musst – macht nichts. Passiert uns auch. Und doch ist es gut, Vorurteile und Stereotype immer mal wieder zur Seite zu packen und in diesem Fall Kabat-Zinns Gedanken zu folgen: Bei Meditation und Achtsamkeitsübungen geht es um die Kultivierung unseres Geistes. Ups!

 **Martina: »Bei manchen Menschen frage ich mich schon, ob die mit mir oder zu mir reden wollen.«**

Wir gehen joggen, rennen ins Fitnessstudio, schwitzen in der Sauna. Kurzum: Wir tun alles für unsere körperliche Fitness. Aber unseren Geist trainieren wir kaum. Dabei wäre das eine ziemlich sinnvolle Angelegenheit im digitalen Zeitalter. Ein trainierter Geist hilft uns dabei, uns besser zu konzentrieren, zur inneren Ruhe zu kommen, uns selber besser zu erkennen, Wichtiges und Unwichtiges schärfer zu unterscheiden, negative Gedanken zu durchbrechen und, ja, auch achtsamer zuzuhören. Klingt immer noch zu esoterisch? Dann halte kurz inne und erinnere dich an die schönsten Gespräche, die du geführt hast. Wie fühlten die sich an? Was war so besonders? Und wann hast du sie geführt? In welchem emotionalen Zustand?

> **»Wenn der Mensch verliebt ist,**
> **zeigt er sich so, wie er immer sein sollte.«**
> Simone de Beauvoir, Feministin

Mit ziemlicher Sicherheit, als du verliebt warst. Verliebt in Themen, in Situationen, in Orte, vor allem in Menschen! In diesem rosaroten, fast schon verzauberten Zustand sind wir maximal aufmerksam, präsent, konzentriert. Wir können den anderen wach betrachten, einfühlsam zuhören, Sätze auch mal stehen lassen, uns zurücknehmen, schweigen und uns in die Worte und Gedanken des anderen hineinspüren. Wir würden sogar so weit gehen und sagen: Dialogische Verbundenheit erschafft eine warmherzige, offene und geistige Atmosphäre, die sich fast in anderen Sphären abzuspielen scheint.

 **Ute: »Die Kunst, im Kleinen Erfüllung und Glück zu finden, ist großartig.«**
Martina: »Ja, einfach mal sagen: Das ist jetzt mein Superleben. Nicht irgendwo auf einer tollen Party, sondern hier zu Hause in meiner Küche: Tomaten schneiden, Spaghetti kochen, mein Kind hört ein Hörspiel, und dann gemeinsam essen.«

Nur: Warum tauchen wir in solch magische Sphären nur so selten ein? Warum holen wir uns diesen Zauber nicht in den Alltag? Ein Freund von Ute und ihrem Mann hatte einen Hirntumor, an dem er schließlich starb. Seine letzten Worte bei der Verabschiedung klingen ihr noch heute im Ohr: »Genießt den Alltag!« Er hätte so gerne mehr davon gehabt! Paradoxerweise lernen wir erst dann den Wert unseres Alltags zu schätzen, wenn er unwiederbringlich vorüber ist. Deswegen sollten wir ihn als Geschenk sehen. Er ist das Größte und Beste, was wir haben – und irgendwann ja auch genau so wollten. Also: Let's get in love. Mit unserem alltäglichen Leben und all den Menschen, die dazugehören.

Übrigens: Der Erfinder des Konzepts der gewaltfreien Kommunikation, Marshall B. Rosenberg, hält das Zuhören für eine der wichtigsten und zugleich einfachsten Übungen von Menschen überhaupt. Dafür brauche man keinerlei psychologische Ausbildung oder Expertenwissen. Worauf es ankomme, sei allein die Fähigkeit, für das präsent zu sein, was sich in meinem Gesprächspartner abspielt: »Für die einzigartigen Gefühle und Bedürfnisse, die mein Gegenüber gerade jetzt durchlebt!« Aha! Diese zuhörende und gleichzeitig mitfühlende Haltung können wir in jedem Gespräch üben. Ob mit Partner*in, Kindern, Freund*innen, Kolleg*innen, Nachbar*innen – egal.

WILLST DU DIE WAHRHEIT ÜBER MEIN LIEBESLEBEN ODER ALTERNATIVE FAKTEN?

Und noch ein Klassiker zum Abschluss: In dem Buch *Momo* von Michael Ende gibt es eine Passage, in der der Autor beschreibt, wie Momo nur durch ihre Art zuzuhören, das Leben anderer Menschen verändern kann. »Sie konnte so zuhören, dass ratlose, unentschlossene Leute auf einmal ganz genau wussten, was sie wollten. Oder dass Schüchterne sich plötzlich frei und mutig fühlten. Oder Unglückliche und Bedrückte zuversichtlich und froh wurden.« Ja! Schon verrückt, welche Kraft allein Zuhören entwickeln kann.

4 X ZUHÖREN UND 1 X FRAGEN

Wie bekommen wir es im alltäglichen Leben hin, wieder aufmerksam und zugewandt zuzuhören? Wir stellen dir vier Tools vor, die dir dabei helfen – und geben zudem Tipps für empathisches Fragen. Weil Zuhören und Fragenstellen zusammengehören, wie zwei Seiten zu einer Medaille.

TOOL I: FRAME YOURSELF!

Mache dir vor einem Gespräch bewusst, welche Haltung du einnehmen willst? Und mache dir dann eine Art Frame, also einen Rahmen, in dem du dich bewegst. Wie das geht? Rufe dir zum Beispiel eine Melodie hervor, die dich in eine Liebesszene versetzt, den Titelsong des Films *Love Story* oder »A man and a woman« von James Last. Schon bist du im Liebesbotschaften-Zuhör-Modus. Das funktioniert genauso, wenn du Lieder aus deiner Jugend hörst und dich plötzlich wieder jugendlich fühlst! Also: Bastle dir einen Rahmen, der dich in der Situation an deinen Zuhör-Modus erinnert und an dem du dich ausrichten kannst.

TOOL II: DIE FÜNF-MINUTEN-UHR STELLEN

Mache diese Übung zu zweit oder zu dritt. Stelle den Timer auf fünf Minuten. In diesen fünf Minuten redet nur eine Person, wenn Pausen entstehen, ist das okay, dann wird eben geschwiegen. Beginne mit etwas einfachem, einer witzigen Situation am heutigen Tag, einer besonderen Kindheitserinnerung, einem peinlichen Moment. Wichtig: Als Zuhörer hörst du ausschließlich zu. Keine Kommentare, kein Augenrollen, aufmerksam und zugewandt. Wenn deine Aufmerksamkeit abschweift oder dein Geist anfängt zu bewerten, konzentriere dich wieder neu auf dein Gegenüber – mit allen Sinnen.

Versuche in das einzutauchen, was du hörst. Welche Bilder, welche Gefühle lösen das Gesagte in dir aus, ab wann fühlst du dich ganz empathisch bei dem, was der andere sagt, wann gelingt es dir besonders gut? Nach fünf Minuten redet der Nächste. Mit etwas Übung lassen sich die Einheiten auf acht oder sogar zehn Minuten ausweiten. Und wenn fünf Minuten für den Anfang zu lang sind, dann probier es einfach mit zwei oder drei. Mit etwas Übung kannst du dieses Tool auch zur Klärung von Konflikten nutzen.

TOOL III: DIE ZUBETTGEHEN-REFLEXION

Zuhören können ist auch in Bezug auf unsere Erziehung ein wichtiges Werkzeug, das wir jeden Abend beim Zubettbringen unserer Kinder anwenden und verfeinern können. Wer sich Zeit für dieses Ritual nimmt, einfach nur da ist und zuhört, wenn das Kind redet, wird erleben, wie die Erlebnisse des Tages mehr und mehr hervorsprudeln. Das tut nicht nur uns Eltern gut, wenn wir uns denn darauf einlassen können, sondern auch den Kindern: Indem sie selber darüber sprechen, was sie bewegt oder bekümmert, lernen sie, darüber zu reflektieren – und es auch zu verarbeiten. Für die Psychologen Carl Rogers und Thomas Gordon ist das einfühlende Zuhören und Verstehen überhaupt die Voraussetzung, dass ein Mensch sich findet und reift: »Diese höchst sensible Einfühlung ist wichtig, um es einem Menschen zu ermöglichen, dass er sich selbst nahekommt, dass er lernt, sich wandelt und entwickelt.«

TOOL IV: DAS VIER-OHREN-MODELL

Der Psychologe und Kommunikationswissenschaftler Friedemann Schulz von Thun veranschaulicht mit seinem Vier-Ohren-Modell, dass es vier verschiedene Ebenen des Hörens gibt. Was meint er damit? Nehmen wir an, du stehst mit deinem

Auto an einer roten Ampel. Den Hinweis »Die Ampel ist grün« deines Beifahrers, deiner Beifahrerin kannst du ganz neutral mit dem Sachebenen-Ohr hören: Die Ampel ist grün. Ist hingegen dein Appell-Ohr auf Empfang, wird daraus ein »Fahr jetzt los!«. Mit deinem Beziehungs-Ohr hörst du »Ich fahre eh besser Auto als du« und mit deinem Selbstoffenbarungs-Ohr »Ich habe es eilig«. Insofern: Obacht bei der Ohren-Wahl, und gib wenn möglich dem Sachebenen-Ohr öfters mal den Vorrang.

TOOL IV: RICHTIG FRAGEN

Zwei Grundregeln für das Fragestellen lauten: Immer nur eine Frage auf einmal stellen und wenn möglich keine Warum-Fragen benutzen. Warum-Fragen haben oft etwas anklagendes, offener sind Fragen, die mit »Was« beginnen.
Eine einfach anwendbare Fragetechnik kommt aus der Methode »Clean Language«. Der Kniff ist, jede Frage mit einem »und« zu beginnen, denn auch dieses kleine Wort signalisiert Offenheit. Sagt jemand zu dir beispielsweise: »Ich fühle mich seltsam«, könntest du fragen:

- »Und wo fühlst du dich seltsam?«
- »Und was passiert, kurz bevor du dich seltsam fühlst?«
- »Und wenn du dich seltsam fühlst, was möchtest du, dass dann passiert?«

Zwei Fragen, die aus unserer Sicht unverzichtbar, ja fast magisch sind, lauten: Was brauchst du (von mir)? Und: Wie kann ich dir helfen (dein Problem zu lösen). Du wirst merken, diese Fragen sind ein Geschenk. Nicht nur für zu Hause, sondern auch für dein Agieren in deinen beruflichen Teams.

EXKURS:

Vier Stufen des Zuhörens nach Claus Otto Scharmer aus schauspielerischer Sicht

STUFE 1: DOWNLOADING

Die Schauspielerin bleibt künstlerisch in ihrer eigenen Vorstellung von den Dingen stecken. Sie ist mit sich selbst beschäftigt und rennt ihren eigenen Ideen hinterher, anstatt im Moment mit ihren Kolleg*innen zu interagieren. In diesem Zuhörmodus bestätigen die Menschen nur, was sie ohnehin schon wissen, und bleiben in ihrem geschlossenen Denk- und Bewertungssystem stecken.

STUFE 2: FAKTISCHES ZUHÖREN

Die Schauspielerin wird von ihren Schauspielkolleg*innen überrascht, weil sie etwas machen oder etwas sagen, mit dem sie nicht gerechnet hat. Scharmer bezeichnet diese Haltung als »open mind«. Für uns ist es das geupste Zuhören. Eine Öffnung findet statt, die es der Schauspielerin ermöglicht, ihr geschlossenes Denk- und Bewertungssystem zu verlassen.

STUFE 3: EMPATHISCHES ZUHÖREN

Die Schauspielerin ist beim Zuhören ganz im »Du«, sie lässt ihre automatisierte Agenda vollkommen los, distanziert sich von allem, was sie zu wissen meint. Sie ist mit all ihren Sinnen aktiv beim Gegenüber und erfasst das Gehörte mit ihrem ganzen Sein. Aha! Scharmer nennt dies »open heart«. Im Schauspiel sprechen wir von »Ganzkörperzuhören«. Es ist unverzichtbar für ein lebendiges Partnerspiel auf der Bühne oder im Film.

STUFE 4: SCHÖPFERISCHES ZUHÖREN

Die Schauspielerin öffnet sich dafür, dass etwas vollkommen Neues entstehen kann. Das Spiel wird zu einem schöpferisch kreativen Akt, der über ihre bisherige Vorstellungskraft hinausgeht. Sie lässt beim Zuhören eine vollkommene Veränderung zu, ist bereit, die Perspektive zu wechseln, ein Gefühl von Weite und Miteinander stellt sich ein. Scharmer sagt »open will« dazu, wir nennen es »mit dem Wunder spielen« oder »gemeinsam einen geistigen Raum betreten«. Im Dialog entstehen vollkommen neue Sichtweisen und Lösungsansätze. Und genau dort wollen wir hin. Ja!

Claus Otto Scharmer ist Dozent an der Sloan School of Management des Massachusetts Institute of Technology und Mitbegründer des Presencing Institute. Er ist überzeugt, dass Führungskräfte lernen müssen, »ihre gewohnten Denk- und Urteilsmuster bewusst zurückzuhalten, um stattdessen nachzufragen, empathisch zuzuhören, wirklich Neues zu entdecken«. Und da wir letztlich alle Führungskräfte sind, gilt dieser Satz für uns alle.

LET'S PANINI

Wow-Momente sammeln, statt nur Alltag bewältigen

> **» *Leben wird nicht gemessen an der Zahl von Atemzügen, die wir nehmen; sondern an den Momenten, die uns den Atem nehmen.* «**
>
> Maya Angelou, *Schriftstellerin*

»Ich renne und renne und renne, ohne anzuhalten. Ich will eine gute Schauspielerin sein, ich will eine gute Mutter sein, ich will attraktiv bleiben für meinen Mann, aber ich weiß nicht, wie ich das alles unter einen Hut kriegen soll, ich weiß nicht, wie ich es schaffen soll. Ich habe ständig ein schlechtes Gewissen, nicht genügend Zeit für meine Kinder zu haben. Alles mache ich schnell. Schnell über den Spielplatz, schnell die Kinder abholen, schnell einkaufen, schnell die Kinder zu Bett. Kein gemeinsames Abendbrot, kein gemeinsames Kuscheln, kein Vorlesen. Und dann sprinte ich los zur Probe. Und auch da habe ich wieder ein schlechtes Gewissen. Habe ich mich genügend vorbereitet auf die Probe? Text nicht ganz sicher und immer dieser sehnlichste Wunsch, mal auszuruhen. Zeit haben.«

Bei den Vorstellungen zu dem performativen Stück »Das Projekt bin ich!« hat Martinas Kollegin Katrin Steinke diesen Text erzählt. Wer auch immer im Theater saß, diese Zeilen schienen einen allgemeingültigen Schmerzpunkt zu treffen, vor allem bei Frauen. Ups! Scheinbar jede kannte dieses Lebensgefühl, dem eigenen Leben irgendwie hinterherzuhecheln und alles richtig machen zu wollen. Ein Leben im »Alltagsbewältigungsverzweiflungsmodus«, wie der Soziologe Hartmut Rosa es treffend auf den Punkt bringt. Alles soll einwandfrei sein: prickelnde Beziehung, fleißige Kinder, durchorganisierter Haushalt, aufregender Job. Ein Leben im Picobello-Modus! Ein Dasein wie in der Hochglanzwerbung, alles genormt, Modell Superweib im Hamsterrad.

Wer hat uns diesen Spuk eigentlich in den Kopf gesetzt? Was versprechen wir uns davon, es immer allen anderen recht machen zu wollen? Was ist unser Bedürfnis dabei? Warum streben wir so sehr nach Vollkommenheit und versuchen, Fehler unbedingt zu vermeiden?

> **»Mir ist weniger wichtig,**
> **was die Außenwelt von mir denkt,**
> **als was ich selbst von mir halte.«**
> Sara Nuru, Model

Kommen wir unserem Streben auf die Schliche. Du saugst mal wieder die Garage, musst dich noch schnell schminken, dann deine Tochter von der Kita abholen, zu Hause noch eine Präsentation vorbereiten? Stress ist ein Störgefühl, welches du prima upsen kannst. Die Garage saugen für wen? Welcher Wertekanon verbirgt sich dahinter? Und wenn es dir dennoch lieb und teuer ist und so eine Blitzeblankgarage dein Herz höherschlagen lässt, muss das unbedingt heute sein? Schminken für die Kita?

Wem willst du gefallen? Geht es auch ohne oder nur mit Basic-Make-up? Du entscheidest. Durch die wiedergewonnene Zeit, ist vielleicht noch ein Spielplatzbesuch drin oder ein nettes Gespräch, das dich auf die Superidee bringt, wie du deine Präsentation gestalten kannst. Oftmals stecken hinter unserem Verhalten unhinterfragte Automatismen und Gewohnheiten. Aha! Und sorgt dafür, dass die wirklich schönen Momente des Lebens ungenutzt vorbeirauschen.

> *» Lass zu, dass man dich liebt. «*
> *Joy Denalane, Sängerin*

Lass dir ein Beispiel aus Martinas Leben erzählen. Es ist Sonntag, sie schreibt an den Texten zu diesem Buch. Heute hat sie Zeit und will wirklich vorankommen. Doch immer wieder kommt ihr Sohn rein und hat irgendwelche Fragen, hält ihr Lego-Kataloge unter die Augen, druckst sich an sie heran und lehnt sich halb auf die Tastatur ihres Computers. Ärger steigt in ihr auf. Was ist jetzt wichtig? Martina klappt den Computer zu. Nach einer Mischung aus quietschendem Fangenspielen, Kuscheln, Kitzeln und Lachen liegen die beiden ein wenig aus der Puste nebeneinander. Ihr Sohn schaut ihr in die Augen, und auf einmal hat sie

das Gefühl, die Zeit, die unglaubliche Vergänglichkeit, die man spürt, wenn man ein Kind großzieht, bleibt stehen. Für einen kleinen Moment. Sie schaut ihren Sohn an und sagt: »Es ist so schön, dass du da bist!« Er sagt: »Mama, noch viel schöner, dass duuu da bist!« Dann geht er in sein Zimmer, macht ein Hörspiel an und spielt. Martina fühlt sich erfrischt, ja ein wenig verzaubert und schreibt weiter.

> *» **There are three responses to a piece of design: yes, no and WOW! Wow is the one to aim for.** «***
> *Milton Glaser, Grafikdesigner*

Im Alter, wenn wir zurück auf unser Leben blicken, werden es vermutlich genau diese Momente sein, an die wir uns erinnern. Nicht die saubere Garage. Nicht die perfekt gewischte Wohnung. Nicht das perfekte Outfit. Nicht die perfekt erfüllte Erwartung von irgendwem. In unserer Erinnerung lösen sich diese sogenannten Routineaktivitäten in Luft auf. Was bleibt, sind unser Lachen, unser Erleben, unsere Wow-Momente – wenn wir ehrlich sind, hat jeder von uns die Zeit dafür. Kleine Momente mit großer Wirkung. Wir können, wir dürfen, wir sollten sie uns nehmen. Ja!

WOW-JOURNAL

Zum Priorisieren von Produktmerkmalen nutzt man oft die Kano-Methode. Mit dieser wollte der Professor für Qualitätsmanagement Noriaki Kano zeigen, dass es verschieden eingestufte Produktmerkmale gibt, die Kund*innen zufrieden machen: Basismerkmale, Leistungsmerkmale und eben Wow-Merkmale. Vor allem diese Wows sind es, wegen denen sich Kund*innen für das Produkt entscheiden, das kleine Extra, das sie staunen lässt, begeistert, glücklich macht – das besondere Feature, das andere nicht haben! Keine große Sache: vielleicht das liebevoll gestaltete Zeitungssäckchen im Waldorf Astoria an der Türklinke, die Grammstriche auf der Butterpackung, die Handwerkerin, die alles abklebt und aus dem Fenster raus- und reingeht, Kleinigkeiten – aber trotzdem: wow und hach! Eigentlich auch ein schönes Tool für unseren Alltag, denn es sind die kleinen Wow-Momente im Alltag, an die wir uns erinnern, die unser Leben schön machen. Das »Silly Dancing« mit dem Partner, ein gemeinsames Kochexperiment mit Freunden, eine tolle Weinentdeckung und so weiter. Oft ist es so einfach, unsere Umwelt mit Kleinigkeiten zu begeistern – und am besten fängst du gleich damit an. Indem du dir pro Tag mindesten einen kleinen Wow-Moment vornimmst und zur Erinnerung in ein kleines Journal schreibst. Oder in ein Tagebuch. Dir fällt nichts ein? Frage deine*n Partner*in, deine Kolleg*innen, deine Freund*innen, was jetzt gerade, in diesem Moment toll wäre. Welches Wow-Bedürfnis haben sie. Und dann mach etwas daraus.

MINIATURAUSZEIT

Bist du mal wieder im Alltagsbewältigungsverzweiflungsmodus und hast den Impuls, noch schnell einen Kaffee zu trinken? Nutze diese paar Minuten für eine Miniaturauszeit, trinke
ganz bewusst und konzentriere dich auf drei Sinne. Die Wärme
in den Handflächen, den Geschmack im Mund, die Art und
Weise, wie die Füße den Boden berühren. Es ist eine beiläu-
fige und sehr leicht umsetzbare Möglichkeit, dich zu zentrieren
und wieder Zugang zu deinem eigenen Zeit- und Wertege-
fühl zu bekommen. Was ist wichtig, was kann warten?

**Ute: »Es ist mittlerweile ja sogar wissenschaftlich
erwiesen, dass alleine das Gefühl, eine warme
Tasse in der Hand zu halten, dich in eine
bessere Stimmung, in ein Wohlgefühl
versetzt. Ich kann das nur unterschreiben, ich liebe diese Tassen-Momente.«**

UMARME
DAS UNPERFEKTE

Für mehr Gelassenheit und Experimentierfreude in Leben und Beruf

» *Beauty begins the moment you decide to be yourself.* «

Coco Chanel, Designerin

Martina war 19, als ihre Mutter plötzlich vom Essenstisch aufsprang und ihr mit spitzen Fingern in die Haare griff. Ups! Einen Moment später klemmte der Auslöser der Erregung zwischen ihren Fingern: ein graues Haar! Sie grinste ihre Tochter an mit einem lang gedehnten: »Wiieee süüüß!« Danach klatschte Martina viele Jahre Tönung auf ihre Haare, ab und an, kein großer Aufwand, nichts Spektakuläres. Doch irgendwann wurde es stressig. Der Grauanteil, genauer gesagt der Weißanteil, nahm zu – und sie fühlte sich zunehmend so, als würde sie ihrer eigenen Ursprungshaarfarbe hinterherrennen. Mit immer mehr Chemie und in immer kleiner werdenden Abständen. Das Gefühl »Ich will das nicht mehr« wurde immer größer. Wozu das Ganze? Kostet Zeit, Geld und ist außerdem auch noch ungesund!

Dann kamen Corona und der Lockdown. Martina wusste, so schnell wird sie nicht mehr als Schauspielerin arbeiten. Und so schnell kann sie auch nicht mehr zu ihrer Friseurin. Aha! Warum also nicht die Zeit nutzen und die gefärbten Haare rauswachsen lassen? Wenn nicht jetzt, wann dann? Sah erst mal furchtbar aus,

Haarbänder konnten den Ansatz nicht wirklich verbergen, trotzdem blieb sie bei ihrem Entschluss. Gab zur Motivation Frauen mit grauen Haaren in die Suchmaschine ein und verliebte sich nach und nach in den Look. Nicht nur auf Instagram posten Frauen unter #gombre oder #goinggrey Bilder von ihrer Silbermähne. Ziemlich schnell stand fest: Zeig dich, wie du dich fühlst. Und: Kurzer Prozess, damit es schneller geht, schneide die gefärbten Haare einfach ab.

Dennoch musste und wollte Martina eine so starke Typveränderung – grau und kurz – mit ihrer Schauspielagentin besprechen. Viele Kolleginnen sind schon aus Agenturen geflogen, nur weil sie ihre Haare von Hellblond auf Mittelbraun färbten. Doch Martina hat das Glück, dass ihre Agentin Frauen mag, die ihren eigenen Weg gehen. Also einigten sie sich darauf, im Zweifel für eine Rolle die Haare wieder zu färben. Klar, wenn eine Rolle es erfordert, warum nicht? Zumal einmal grau ja auch nicht bedeuten muss für immer und ewig grau. Kaum waren die Friseurläden wieder offen, saß Martina auf dem Stuhl. Zack und ab.

> *»I've learned throughout my journey,*
> *that perfection is the enemy of greatness.«*
> Janelle Monáe, Sängerin

Die Performancekünstlerin Lisa Lucassen brachte es beim gemeinsamen Falafel-Essen am besten auf den Punkt: »Ich finde toll, dass du neuerdings den George Clooney in dir entdeckst.« Den George Clooney in sich entdecken. Ja! Genau darum geht es doch: Warum sich als Frau mit Graumelierung nicht genauso attraktiv fühlen wie der angeblich Sexiest Man Alive? Warum einem Ideal hinterherhecheln, das einem vielleicht gar nicht entspricht? Der demografische Wandel ist in Deutschland längst angekommen. Jede zweite Person hierzulande ist älter als 45 und jede fünfte Person älter als 66 Jahre. Die durchschnittliche Lebenserwartung liegt für Männer bei 78,9, für Frauen bei 83,6 Jahren. Ist es da denn überhaupt noch zeitgemäß, ab 30 zu sagen: »Ab jetzt geht's bergab«? Und damit es niemand merkt, wird gefärbt, getrimmt, gebotoxt. Oder ist das nicht einfach nur absurd?

 **Ute: »Wir müssen echt klarmachen, dass es uns nicht um Verbesserung geht, sonst sind wir wieder in der Optimierungsecke!«**
Martina: »Immer dieses verinnerlichte Belohnungs- und Bestrafungssystem. Wir kriegen ja kein Belohnungsbienchen auf den Grabstein. Es geht darum, sich zu positionieren, so zu handeln, wie man handeln will – und zwar bewusst. Du kannst mit unserem Ansatz vielleicht bewusster entscheiden: Wie will ich mich in dieser oder jener Situation verhalten. Es geht darum, der Mensch zu sein, der man sein will, und nicht der, der einem passiert, das hat man ja oft genug.«

Martina ist zwar Gefühlsachterbahn gefahren, wie vermutlich viele Frauen, die ihre Haare grau werden lassen. Es erfordert Mut, Geduld und Gelassenheit. Schon allein, um sich die vielen Kommentare anzuhören und sie zu ertragen. Einmal quer durch die Klischeekiste: Deine Schauspielkarriere könnte vorbei sein. Willst du aussehen wie ein Kerl? Welche Rollen wirst du dann noch kriegen? Grau macht alt und blass. Doch nichts von dem ist ihrem Empfinden nach wahr. Im Gegenteil. »Ich habe mich selten so wohl auf meinem Kopf gefühlt«, sagt Martina. »Meine Haare genau so zu tragen, war ein Weg zu mir hin, und ich will um keinen Preis dahinter zurück.« Und zu den anfänglichen Kommentaren mischen sich allmählich viele positive Reaktionen: total überrascht, wie cool, wie selbstbewusst, wie modern es aussieht. Neulich blieb ein kleines afrikanisches Mädchen vor Martina stehen, sah sie lange an und sagte dann auf Englisch: »I like your hair.« Mögen doch viele Mädchen und Jungen heranwachsen, die in Zukunft weniger Umwege nehmen. Die den Mut haben, einfach so zu sein, wie sie sind. Nicht uniformiert, glatt gebügelt und einem vermeintlichen Ideal hinterherrennend, sondern mit all ihren Facetten.

**»*Lieber Orangenhaut*
als gar kein Profil.«**
Ina Müller, Musikkabarettistin

Wir sind überzeugt: Perfektionismus bremst uns aus, er ist unproduktiv, schadet dem Selbstwertgefühl, macht auf Dauer krank – und bindet viel zu viel Energie. Ups! Denn kein Mensch ist fehlerfrei, das Leben nicht perfekt. Und sowieso wecken gerade vermeintliche Makel unsere Aufmerksamkeit. Jürgen Vogel mit makellosem Gebiss – langweilig. Vanessa Paradis ohne Zahnlücke – bei Weitem nicht so sinnlich. Winnie Harlow mit ebenmäßiger Haut – nicht so spektakulär. Mario Galla ohne Prothese – nicht schöner. Wie unendlich langweilig wäre unser Leben, wenn alle gleich aussähen. Aha! Zumal durch

Fehler und Störungen mitunter Dinge entstehen, die uns nicht nur gefallen, sondern auch berühren. Perlen zum Beispiel, Eisblumen, Schneekristalle oder auch die gebrochene Glasur einer japanischen Keramikschale. Ja!

> » *There's a crack in everything*
> *that's how the light gets in.* «
> Leonard Cohen, Singer-Songwriter

In Japan gibt es den Begriff Wabi-Sabi. Er steht dafür, die Schönheit eines jeden Wesens, eines jeden Objektes in seiner natürlichen, ursprünglichen und rohen Form anzuerkennen und gerade deshalb zu lieben. Schönheit entspricht hier keiner genormten Formel, die es zu erfüllen gilt. Schönheit ist von Anfang an da und entwickelt sich aus sich heraus weiter. Im eigenen Tempo. In kleinen Schritten. Ohne Druck und ohne Zwang.

Wir lieben die Idee des Wabi-Sabi. Sie steht für uns nicht nur als Metapher für unsere Art, zu leben. Sondern auch dafür, wie wir arbeiten wollen. Beide Sphären als riesiges Spielfeld, auf dem wir so sein können, wie wir sind, und uns dennoch weiterentwickeln und über uns hinauswachsen dürfen. Indem wir Menschen ermutigen, einfach mal zu machen. Auszuprobieren. Fehler zu begehen. Sich neu zu orientieren. Von vorne zu beginnen. Warum? Weil letztlich keiner weiß, ob ein eingeschlagener Weg, eine Änderung des Systems, eine Geschäftsidee, ein Produkt, ein Service am Ende funktionieren wird. Neun von zehn Start-ups scheitern in den ersten drei Jahren. Schulen in Nordrhein-Westfalen und Bayern sind vom Abitur nach der zwölften Jahrgangsstufe (G8) wieder auf G9 umgestiegen. Und wir können nur ahnen, wie sich der Klimawandel auswirken wird. Aber hey, wir können Verantwortung übernehmen. Und schon heute das tun, was in unserem Wirkungskreis möglich ist.

Statt für einen Fünf-Jahres-Plan oder den ganzen großen, visionären Wurf, der alle Probleme auf einmal löst, plädieren wir für schnelle Skizzen, halb fertige Prototypen, unvollendete Modelle und jede Menge Bastelsachen, mit denen wir unsere Ideen schon mal zum Leben erwecken. Dazu die Leitsätze »Just barely good enough« und »Good enough for now, safe enough to try«. Nichts muss perfekt sein. Im Gegenteil. Weil der Wille nach Perfektionismus auf allen Ebenen und in allen Belangen lähmt. Selbst Apple, eine Firma, die für hohe Perfektion steht, hat das erkannt und bringt bewusst Produkte mit Defiziten auf den Markt, um sie zu testen und danach schrittweise zu verbessern. Alles andere wäre auch verrückt. Es gibt genug Unternehmensbeispiele, die zu lange an ihrem Erfolg festgehalten haben und an ihrer selbst gezimmerten Idee, wie etwas zu sein hat. Kodak, BlackBerry ... Auch im Schauspiel wird geprobt und verworfen und wieder neu geprobt, und jeder Fehler gilt als willkommener Boost – der dem gesamten Stück einen neuen, unverwechselbaren, lebendigen Twist verleiht.

Insofern: Bleib in Bewegung. Sei mutig. Experimentiere. Passe nicht immer ins Bild. Hinterfrage. Stelle dich quer. Sei unperfekt. Und sehe jeden kleinen, selbst gewählten Schritt als Teil eines spannenden (Selbst-)Erkenntnisprozesses, der nicht nur dich nach vorne bringt, sondern immer auch dein gesamtes Umfeld. Nobody is perfect? Nobody has to be perfect!

> *»In den Köpfen herrschen noch alte Stereotype,*
> *die wir bewusst angehen und auflösen müssen.«*
> *Swantje van Uehm, Gründerin*

 RAUS AUS DER BOTOX-FALLE, BE LIKE HELEN MIRREN!

In Terry Gilliams Meisterwerk *Brazil* gibt es gleich zu Anfang eine groteske Szene. Mrs. Ida Lowry, der Mutter des Protagonisten, wird das Gesicht gestrafft, wie Knetmasse zieht sich ihre Wangenhaut nach hinten. Was sich damals nur die Reichen der Reichen leisten konnten, scheint heute ein Massenphänomen geworden zu sein. Auch wenn Eingriffe vielleicht nicht mehr ganz so maximalinvasiv sind wie damals – aber nicht minder effektiv.

Wir müssen nur den Fernseher anknipsen: Jedes Mal durchfährt uns ein schmerzhafter Schauer, wenn Schauspielerinnen, Sängerinnen und Moderatorinnen, einst wegen ihrer

Natürlichkeit bewundert und geliebt, nicht mal mehr lächeln können! Darunter auch Frauen, zu deren Job es gehört, Themen kritisch zu hinterfragen.

Warum tun wir Frauen uns das an? Welchem Klischee rennen wir da hinterher? Welches Bild wollen wir bedienen? Das der ewigen Jugend und Schönheit? Selbst Schamlippen scheinen nicht mehr sicher vor dem Messer zu sein –

nennt sich Intimstyling und ist laut der Internationalen Gesellschaft für Ästhetische und Plastische Chirurgie (ISAPS) ein Riesentrend. Vergessen wir es! Wir können uns noch so viel straffen und unterspritzen lassen, die glatte Haut aus jungen Jahren kehrt nicht zurück. Nirgends. Halten wir uns lieber an Helen Mirren. Sie steht zu grauen Haaren und Falten. Unlängst postete die 74-Jährige ein »No Make-up«-Foto direkt nach dem Aufwachen aus ihrem Bett. Mit verwuschelten Haaren und Brille auf der Nase. Dennoch umgibt die Schauspielerin immer eine gewisse Grandezza, auf unangestrengte Weise wirkt sie sexy und schön, auch wenn sie selbst dieses Wort hasst: »I hate the word beautiful. Young is beautiful. But the majority of us are something else, and I wish there was another word for it. (...) I definitely don't look better now than when I was young. Definitely not. The great thing that happens as you age is that you don't really give a flying fuck.« Wir können dem nur zustimmen. Der Zauber der Jugend ist toll. Doch die lässige Haltung im Alter ist nicht minder attraktiv und lebenswert.

STRUBBEL-LOOK ODER SCHLECHT GESCHLAFEN?

Wir wollen nicht gegen Beauty- und Anti-Aging-Trends an-schreiben. Uns geht es darum, bewusst und frei und selbst zu entscheiden: Was will ich, was brauche ich, wie fühle ich mich gut? Weil man damit Macht über sein Leben gewinnt: Mal der natürliche Look als Ausdruck von Authentizität. Mal das bewusste gepimpte Sein als persönliches Statement. Ohne den Zwang, sich festlegen oder einen bestimmten Level für immer halten zu müssen. Auch wenn wir uns wünschen, dass der Bo-tox-Trend bald sein Ende findet: Was legen wir uns mit dem Nervengift alles lahm? Studien zeigen bereits seit Jahren, dass Menschen mit eingefrorener Mimik emotionale Untertöne nicht mehr so gut wahrnehmen können. Denn dafür braucht unser Gehirn nicht nur visuelle Signale über unsere Augen, son-dern auch sensorische Signale über unsere Gesichtsmuskeln.

 ## STOISCHE HALTUNG

Wie bekommen wir das hin, mehr Gelassenheit und weniger perfekt? Es klingt vielleicht ein bisschen komisch, aber seit einiger Zeit feiert die Stoa ein Comeback – eine über 2000 Jahre alte philosophische Strömung, die auf Ganzheitlichkeit, Weltoffenheit, Selbstgenügsamkeit, Affektkontrolle, emotio-nale Selbstbeherrschung und die Anerkennung seines Plat-zes in einer gewissen Form von Ordnung zielt. Ein stoischer Mensch akzeptiert sein Los, also sein Leben, wie es gerade ist, und strebt nach Gelassenheit, Gleichmut, Seelenruhe, emotio-naler Intelligenz und Weisheit. Diese Haltung – kein Witz – hilft im digitalen Zeitalter und ist von entscheidender Bedeutung. Nicht nur um sich selbst, seine Familie, sondern auch seine Arbeit (im Team) auszurichten: auf die Stärken, das eigentliche Potenzial, das, was wirklich wichtig ist. Ge-hört inzwischen tatsächlich auch zur Grundlage in der Ausbil-dung von agilen Coaches.

Zum Einstieg empfehlen wir den unterhaltsamen TED Talk des Philosophen Massimo Pigliucci über die Stoa. Aus seiner Sicht ist sie eine sehr handlungsorientierte, praxisnahe Lebensphilosophie und kann uns gerade deshalb im Leben im Digitalzeitalter als Leitschnur dienen.[15] Noch mehr in die Tiefe geht das Buch *Rational-Emotive Verhaltenstherapie* der beiden Psychotherapeut*innen Albert Ellis und Catharine MacLaren.[16]

VISUALISIEREN & GESTALTERISCHES AUSPROBIEREN

Ob Skizzen, Lego-Steine, Modelle aus Draht (Wireframes) — was immer hilft: Zeichne, male, gestalte, spiele, visualisiere, was du erreichen möchtest. Denn dann wirst du deine Wünsche, Ideen und Veränderungspläne einfacher und schneller begreifen. Und Menschen, die ebenfalls beteiligt sind, können besser verstehen, was du von ihnen willst, welche Rolle sie in dem Ganzen einnehmen sollen. Du willst vom Färben wegkommen, dann bastel dir eine Collage aus Bildern mit Frauen, die bereits selbstbewusst Grau tragen, und pinne sie neben den Spiegel im Bad. Du möchtest ein neues Zielsystem im Unternehmen einführen, dann mache einfach eine Probe und sage allen Führungskräften: Wir probieren einen Zielsystem-Planungs-Workshop jetzt mal szenisch aus. So tun als ob und wie wäre es, wenn? Es wird nicht perfekt sein, das ist aber nicht schlimm, wir wollen ja lernen. Danach dürfen alle berichten, wie sich das für sie angefühlt hat, welche Verbesserungsvorschläge sie haben oder ob sie es komplett verwerfen wollen — auch das sollte immer eine mögliche Option sein und ist überhaupt nicht schlimm!

Dieser Ansatz, visuell, handlungs- und erlebniszentriert an Projekte heranzugehen, kommt übrigens aus der Gestalttherapie,

15 https://www.ted.com/talks/massimo_pigliucci_stoicism_as_a_philosophy_for_an_ordinary_life
16 Albert Ellis/Catharine MacLaren: *Rational-Emotive Verhaltenstherapie.* Junfermann Verlag, Paderborn 2014

die viel mit praxisnahen Übungen und Experimenten arbeitet und zum Ziel hat, durch pragmatisches Ausprobieren das eigene Bewusstsein zu verfeinern und weiterzuentwickeln.

ARTEN VON PROTOTYPEN

SCRIBBLES, PAPIER-PROTOTYPEN

LEGO-, BASTEL- UND CARDBOARD- PROTOTYPEN, POP-UP-STORES

STORYBOARDS, SZENENSPIEL, MINICLIPS, WERBEANZEIGEN, ERKLÄRVIDEOS

KLICKDUMMYS, WIREFRAMES, MOCK-UPS, MINIMAL VIABLE PRODUCTS

WIZARD OF OZ

HACK IT TOGETHER LIKE MCGYVER

I'M DOING
~~HOT GIRLS SH*T~~
Du bist mehr, als du denkst – werde dir deiner Rollen bewusst

> **» Es gibt kaum etwas Revolutionäreres als Individuen, die aus Rollen ausbrechen. «**
>
> *Jeannette Gusko, Gründerin*

Hot girls sind perfekt geschminkt, stets in shape, und haben immer einen leicht geöffneten Mund, der suggeriert, ich bin … äh, ja … hot. Auch nach einem Marathonlauf riechen sie nach Apfelshampoo und Pfirsichlotion. Magen-Darm-Infekt kennen sie nicht einmal vom Hörensagen. Die einzige Frage, um die sich ihre Gedanken vielleicht kreisen, ist der perfekte Match zwischen Nagellack, Lidschatten und Leggings. Und natürlich sind hot girls, bis auf wenige hotte Ausnahmen, white girls, die sich an weißen Schönheitsidealen orientieren. Ups! Be like Barbie.

Wir alle kennen diese Rollenklischees, die mit klaren Rollenerwartungen daherkommen. Und sich in Zeiten von Social Media aufschaukelnd verstärken – aber auch dekonstruieren. Aha! So posten auf der Videoplattform TikTok neuerdings junge Frauen zum Song »Girls in the Hood« von Rapperin Megan Thee Stallion kleine Videos. Diese werden eröffnet mit dem Satz: I can't talk right now, I am doing hot girls shit. Doch anstatt sich dann lasziv zu rekeln, putzen die girls ihre Zahnspange, legen sich schlafen, essen, sind einfach normal, so was von normal. Auch ältere Frauen und Männer haben mittlerweile Spaß an der Entmystifizierung von Rollenklischees. So nutzt Scott Stuart zum Beispiel seine Reichweite auf den verschiedenen Kanälen dazu, Kinder dazu zu ermutigen, sie selbst zu sein. Sein Sohn will im Elsa-Kostüm ins Frozen Musical gehen, klar, warum nicht. Um ihn darin zu bestärken, schlüpft Stuart für die Show kurzerhand selbst ins türkisfarbene Wallekleid. Ja! Oder der Schauspieler Justin Baldoni, der in seinem TED Talk »Why I'm done trying to be ›man enough‹« davon erzählt, wie wenig Lust er auf diese veraltete Männerrolle mehr hat: »I've been pretending to be a man that I'm not my entire life, when I've been pretending to be strong when I felt weak, confident when I felt insecure. (...) I don't have to fit in the current definition of masculinity, because I don't want to be a good man, I want to be a good human.«

Soziologisch gesehen befinden wir uns immer in einer Rolle. Egal ob als Mutter, Frau, Ehefrau, Liebhaberin, Freundin, Tochter, Managerin – wir switchen pro Tag zwischen einem Dutzend Rollen. Rollen sind Teil unserer Identitätsbildung, wenn du Lust hast, schlag mal das interaktionistische Rollenmodell von Lothar Krappmann nach.[17] Role-Taking, also welche Erwartungen erfülle ich, und Role-Making, wie will ich meine Rolle gestalten, sind eins zu eins vom Schauspiel auf das normale Leben übertragbar. Im bewussten Blick auf unsere Rollen liegen die Möglichkeiten, damit umzugehen und wie oben beschrieben gar mit einem Klischee zu brechen. Die Rollenkonzepte zu erkunden und zu erforschen ist spannend: Möchte ich alle Erwartungen erfüllen, mich auf eine Rolle reduzieren lassen, wird es vermutlich sehr langweilig und frustrierend. Oder will ich keinen Erwartungen entsprechen, Hauptsache nicht angepasst – auf Dauer ziemlich anstrengend. Innere Konflikte sind da nicht weit, wobei Rollenkonflikte an sich etwas völlig Alltägliches sind.

Yo SiSTA!

17 Lothar Krappmann: Soziologische Dimensionen der Identität. Strukturelle Bedingungen für die Teilnahme an Interaktionsprozessen. Klett Verlag, Stuttgart 1971

INTERAKTIONISTISCHES ROLLENMODELL
(NACH MEAD / KRAPPMANN)

ROLE-TAKING = ERWARTUNGEN DER ANDEREN ÜBERNEHMEN UND ERFÜLLEN

ROLE-MAKING = NEGIEREN DER ERWARTUNGEN, AUSDRUCK VON INDIVIDUALITÄT

SOCIAL IDENTITY = SEIN WIE ALLE ANDEREN

PERSONAL IDENTITY = SEIN WIE KEINE ANDERE

ROLLENBEWUSSTSEIN ALS WEG ZUR ICH-IDENTITÄT

Mit unserer Rollen bewegen wir uns stets in Bezugsgruppen, zum Beispiel bei der Arbeit oder in der Familie, in der Freizeit oder beim Sport. Und je nachdem, in welcher Gruppe wir uns befinden, sind an unsere Rollen bestimmte Erwartungen geknüpft. Als Mitarbeiterin wird von mir erwartet, meine Präsentation sorgfältig und fristgerecht abzugeben. Als Mutter wird von mir erwartet, dem Kind Wechselklamotten und Windeln in die Kita mitzugeben oder das Schulbrot zu richten. Als Tochter wird von mir erwartet, die demente Mutter so gut es geht zu unterstützen und den Vater zu trösten. Als Freundin wird von mir erwartet, dass ich mir mal wieder ein schönes Treffen ausdenke und da dann auch wirklich Zeit habe. Als Schwester wird von mir erwartet, ein offenes Ohr zu haben für die großen und kleinen Krisen des Lebens. Als Mannschaftssportlerin wird von mir erwartet, eine gute Teamspielerin zu sein. Als Partnerin wird von mir erwartet, auch mal alles beiseitelegen zu können für Quality time zu zweit … alles Erwartungen, deren Nichterfüllen zu fehlenden Aufträgen, Elterngespräch, Tränen, Gezicke, Vorwürfen, Ersatzbank und Ehekrise führt. Um sich nicht komplett aufzureiben, empfehlen wir viererlei:

1. Sich seiner eigenen Rollen und den dazugehörigen Erwartungen und Konflikten bewusst zu sein: Welche Rolle führe ich gerade aus, was wird von mir erwartet und was nicht? Und ganz wichtig: Welche Erwartungen habe ich an mich in dieser Rolle selber? Wie perfekt möchte ich sie erfüllen, in welchen Facetten will ich mich zeigen und wahrgenommen werden?
2. Sich gemäß seiner Rolle klar zu positionieren und aufzutreten: beispielsweise in der Schule als Mutter und nicht als Managerin, die den Laden am liebsten umorganisieren würde. Falls man switchen möchte, dann bitte bewusst.
3. Entscheiden, welche Rolle jetzt gerade im Moment Vorrang hat: beispielsweise beim Treffen mit der Freundin die Rolle der Freundin und nicht die Rolle der Mitarbeiterin. Falls man doch spätabends eine berufliche Mail beantworten möchte, klar kommunizieren, dass man sich für fünf Minuten ausklinkt.
4. Durchaus auch mal Freund*innen, Kolleg*innen oder Partner*innen fragen, wie sie einen erleben. Wie wird man in seiner jeweiligen Rolle wahrgenommen? Als Freundin, Partnerin, Kollegin … decken sich Eigenbild und Fremdbild? Rollenklarheit ist auf der Bühne genauso wichtig wie in Sportmannschaften oder agilen Teams.

Ute: »In interdisziplinären Teams gibt es keine Funktionen mehr, sondern nur noch Rollen, ich konnte mir das erst gar nicht vorstellen, als ich das las: Arbeiten in Rollen! No titles, just roles. Wie sollte das gehen? Mittlerweile genieße ich es, meine Rollen selber zu gestalten. Darin liegt unheimlich viel Freiheit.«

Martina: »Das Thema Rollen kenne ich als Schauspielerin natürlich gut. Dennoch habe ich meine privaten Rollen nie hinterfragt. Seitdem ich auch sie klarer sehe und die dazugehörigen Spielfelder, kann ich mit Spannungen und Konflikten besser umgehen und bin ihnen nicht einfach nur ausgeliefert.«

Mit Spielen im Sinne von Vormachen hat das nichts zu tun. Rollen – ganz gleich ob auf der Bühne oder im Leben – müssen gefüllt und gemeint werden mit ganzer Persönlichkeit, ganzem Sein. Sonst verkommt die Vorstellung zum großen Fake. Niemand wird sie einem abnehmen. Nicht einmal man selbst. Eine (Schauspiel-)Rolle erfordert, sich zu 100 Prozent darauf einzulassen. Rollen werden an- und abgelegt. Der einzige Unterschied: Schauspieler*innen sind oft geübter darin, von einer Rolle in eine andere zu schlüpfen und jeweils die Möglichkeiten zu sehen, die sie einem ermöglicht. »Du bist mehr, als du denkst, mehr als deine limitierte Vorstellung von dir selber oder was andere in dir sehen«, sagt Martina häufig. Im bewussten Ergreifen einer Rolle eröffnet sich immer ein Spielfeld, das es zu erkunden gilt. Diese Sichtweise ist mittlerweile auch in Unternehmen angekommen. »No titles, just roles« liest man ab und an auf Visitenkarten. Weil Titel nichts über die Fähigkeit von Mitarbeiter*innen aussagen, und Zusammenarbeit jenseits dieser gedanklichen

Limitierung erst richtig Spaß macht und fruchtbar ist. Je nachdem, mit wem man zusammensitzt und arbeitet, tritt eine andere Rolle in den Vordergrund, und insgesamt strukturieren sich die Rollen nach Kreisen. So kann es sein, dass eine Mitarbeiterin im Kundenkreis die Rolle der Projektmanagerin einnimmt, im Saleskreis die Rolle der Accountmanagerin und im People-&-Talent-Kreis die Rolle der Mentorin. Wir können dem sehr viel abgewinnen!

Ute: »Ich kann eine Rolle auch einfach ablegen. Klingt erst mal strange, aber ist in New-Work-Konzepten ausdrücklich erlaubt. Da kann ich sagen: So, ich bin jetzt nicht mehr Innovationsmanagerin, sondern einfach nur noch die Privatperson Ute. Funktioniert super! Auch mental, seitdem ich das kann, schlafe ich hervorragend.«

Martina: »Unbedingt! Wenn ich eine Mörderin spiele, will ich das ja nicht auf mein Leben übertragen! Und wenn ich wiederum die Mörderin spiele, trete ich aus meinen privaten Rollen heraus, denn mein privater Weichspül-Modus dient nicht meiner Figur, die ich darstelle.«

ROLLEN-BRAINSTORMING

Mache die Vielfalt deiner Rollen sichtbar. Stelle die Uhr auf zwei Minuten und schreibe alle Rollen in einem Brainstorming auf, die du ausübst, sowohl privat als auch bei der Arbeit. Als nächsten Schritt kannst du die Rollen auf Post-its schreiben, an die Wand kleben und dir überlegen: Wann tritt welche Rolle in den Vordergrund, an welchen Stellen entstehen besonders viel Spannungen und Konflikte? Visualisieren hilft dir, im Alltag und Berufsleben schnell zu entscheiden, welcher Rolle du gerade den Vorrang geben willst.

KRITISIERE DIE ROLLE, NICHT DEN MENSCHEN

In den Schauspielgrundlagen lernen Schauspieler*innen, immer nur die spielende Person in der Rolle zu kritisieren. Also nicht Martina, sondern Martina in der Rolle der Rebecca »hat an dieser oder jener Stelle nicht überzeugt, weil ...«. Warum das wichtig ist? Die Person fühlt sich nicht als Ganzes kritisiert. Du kannst dieses Prinzip auch auf deine Arbeitswelt übertragen: So wird aus »Sabine, deine Präsentation war schlecht« ein »Sabine, die von dir verfasste Präsentation hat mich an Stelle X nicht überzeugt, weil ich Y vermisst habe.« Je genauer du zwischen der Person und der gestellten Aufgabe unterscheiden kannst, je präziser du die »Schwachstelle« beschreiben kannst, desto weniger fühlt sich dein Gegenüber als Gesamtperson kritisiert. Diese Unterscheidung solltest du übrigens auch für dich selbst einfordern.

NEVER PLAY THE VICTIM

Drama war gestern. Ein Tool, mit dem du schnell ins Handeln kommst

> **» Strong women don't make
> themselves look pitiful
> and don't point fingers.
> They stand and they deal. «**
>
> *Mandy Hale, Autorin*

Unvergessen ist Martina die Folge »Metal-
head« der Netflix-Serie »Black Mirror«.
Ein Auto rast mit drei Leuten durch eine
dystopisch leere Schwarz-Weiß-Szenerie.
Sie dringen in eine Lagerhalle ein, um etwas
ganz Bestimmtes zu besorgen. Hierbei wird
ein Killer-Roboterhund aktiviert, der zwei

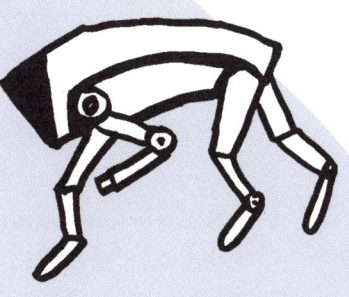

der drei Darsteller*innen zur Strecke bringt und Bella, die Heldin
der Geschichte (dargestellt von Maxine Peake), mit einem Peilsender beschießt. Ihr gelingt es, zu fliehen, sie schneidet sich
den Sender aus der Haut, legt ihn in eine Wasserflasche, die sie
schließlich als falsche Fährte in den Fluss wirft. Der Roboterhund spürt sie nach kurzer Zeit dennoch wieder auf. Bella flieht,
verharrt Stunden auf einem Baum, funkt mit der anderen Welt
in der sicheren Zone und zerstört irgendwann sogar ihren Verfolger. Doch beim Explodieren aktiviert der Roboterhund splitter-
bombenartig lauter Peilsender, die Bella nun in der Haut stecken.
Einer nahe ihrer Halsschlagader. Am Ende der Folge sehen wir
Bella, wie sie noch einmal nach Hause funkt, sich von ihren
Liebsten verabschiedet und dann das Messer an den Peilsender
am Hals ansetzt. Die Zuschauer*innen können nur ahnen, dass
sie sich für den Freitod entscheidet. Aus der Not heraus ein Entschluss aus freien Stücken. Die Kamera schwenkt von Bella weg

und fliegt über das Land, das vor Roboterhunden nur so wimmelt, zurück zur Lagerhalle. Auf dem Boden ein umgefallener Karton mit kleinen Teddys. Wenigsten einen davon wollte Bella für ihren kleinen Sohn besorgen.

Puh, was für eine Geschichte und aus schauspielerischer Sicht ein Fest an Möglichkeiten. Weil die Geschichte von Hindernissen, Ängsten und Nöten nur so wimmelt. Martina liebt Rollen, die sie mit der Abgründigkeit des Lebens konfrontieren. Rollen, die wieder aufstehen – auch wenn das Leben sie niederringt. Und immer einen Weg aus der Misere suchen. Denn daran wachsen die Charaktere auf der Bühne und die Geschichte nimmt Fahrt auf.

»Never play the victim!«, versuche immer, die Szene zu gewinnen, benennt Ivana Chubbuck dieses Phänomen treffend. Der US-amerikanischen Schauspieltrainerin und Autorin vertrauen Stars wie Brad Pitt, Silvester Stallone und Halle Berry blind. Zu Recht. Eine Liebesgeschichte, die beim ersten misslungenen Date endet? Geht gar nicht! Die Figur muss sich etwas einfallen lassen. Weitermachen. Das Liebespaar soll schließlich am Ende vereint sein, und dann setzen die Geigen ein und die Kamera schwenkt gen Himmel.

> **»Inmitten von Schwierigkeiten**
> **liegen günstige Gelegenheiten.«**
> *Albert Einstein, Physiker*

Doch woher nimmt man die Kraft und den Mut, immer wieder aufzustehen? Wie entsteht so ein starker Charakter? Unsere Heldin Bella aus der Netflix-Serie hat Angst, Todesangst. Ups! Doch sie schaut ihrer eigenen Furcht ins Gesicht. Aha! Und sucht einen Weg, zu überleben. Ja! Indem sie die Furcht integriert, erlangt sie die Möglichkeit, weiterzumachen. Aus schauspielerischer Sicht ist letztlich jedes geupste Gefühl ein Sprungbrett, die eigene

Handlungsklaviatur zu erweitern. Weder die gespielten Figuren noch die Schauspieler*innen dahinter sind per se mutig, sie bilden es aus, indem sie sich anschauen, was die Situation braucht, und wählen, was die Geschichte befeuert. Konflikte sind hierbei willkommen.

> *» Leute im Kino sagen sich, du hast den*
> *gleichen Schmerz, die gleichen Unsicherheiten*
> *und Probleme, die ich auch habe.*
> *Du machst etwas damit, das ich vielleicht auch*
> *kann. Das gibt den Zuschauern Hoffnung. «*
> *Ivana Chubbuck, Schauspielcoach*

Martina musste das auch erst mal lernen, dieses »Ja zum Konflikt«. Immer wieder rein in Abgründe und Schmerzpunkte. Der Reibung nicht ausweichen. Schließlich war sie – wie es so schön heißt – von Haus aus wohlerzogen, und es gab jede Menge verinnerlichte Dos and Don'ts. Als sie die Brunhild in *Die Nibelungen* probte, musste sie so laut schreien, dass sich Blasen auf den Stimmlippen bildeten und die Ärztin ihr ein zehntägiges Sprechverbot verordnete. Nun, man spielt ja nicht alle Tage die stärkste Frau der Welt, da kann man schon mal Federn lassen. Doch Hand aufs Herz, wann darf eine Frau so laut schreien? Trotz ganz viel Sprechtraining war Martinas Stimme, ihr ganzes Wesen nicht vorbereitet auf dieses Brüllen. Das Schöne: Wie beim Sport stellen sich beim Hineinschlüpfen in andere Rollen jede Menge Trainingseffekte ein, die nicht nur das Leben von Schauspieler*innen bereichern.

Natürlich kämpfen wir nicht mit Killer-Robotern. Doch wir erleben jeden Tag Mini-Momente von Rückschlägen. Oft nehmen wir die Störung als kurzes Ärgernis wahr und setzen unseren Weg fort. Manchmal fühlen wir uns aber auch wie gelähmt, bleiben vor der Hürde stehen und wissen nicht, wie wir sie überwinden können. Vielleicht weil wir gar nicht nachvollziehen können, wo denn das Problem liegt, aus unserer Perspektive können wir es gar nicht erkennen: Wir sehen, wie es so schön heißt, nur den Baum und nicht den Wald – und bleiben aus Angst, Unsicherheit, Überforderung wie festgewurzelt stehen und sehen zu, wie sich vor unseren Augen ein Drama entwickelt, in dem wir mitunter schon ganz oft mitgespielt haben.

Wie du aus dieser Situation herauskommst, die Blockade und den Verlauf der Szene durchbrichst und schnell zurück ins Handeln kommst? Dafür möchten wir dir ein Tool vorstellen, das wir besonders mögen, schnell zu erlernen ist, sich in den unterschiedlichsten Situationen bewährt, für sich selbst in Gedanken oder auch mit anderen tatsächlich durchgespielt werden kann und dazu auch noch einen passenden Namen trägt: Drama-Dreieck.

Zum besseren Verständnis zoomen wir uns hinein in einen von Martinas Schauspiel-Workshops, die sie für Kinder gibt. Diesmal sollen sie eine kleine Szene spielen, die sie sich selbst ausdenken können. Nur die Charaktere stehen fest: Opfer, Retter, Verfolger. Die drei kleinen Schauspieler stecken die Köpfe zusammen, beraten über die W-Fragen – wer macht was, warum, wozu, wo, wann und wie? – und schlagen dann Thema, Set und Ablauf vor: Notaufnahme im Krankenhaus. Eine junge Frau, das Opfer, kommt in die Notaufnahme, sie hat starke Bauchschmerzen und krümmt sich vor Schmerzen. Eine Krankenschwester springt als Retterin bei, kümmert sich fürsorglich um die Patientin und versucht, zu beruhigen. Allerdings kann sie fast keinen Satz zu Ende bringen, da es ja auch noch eine Verfolgerin gibt,

DAS DRAMA-DREIECK

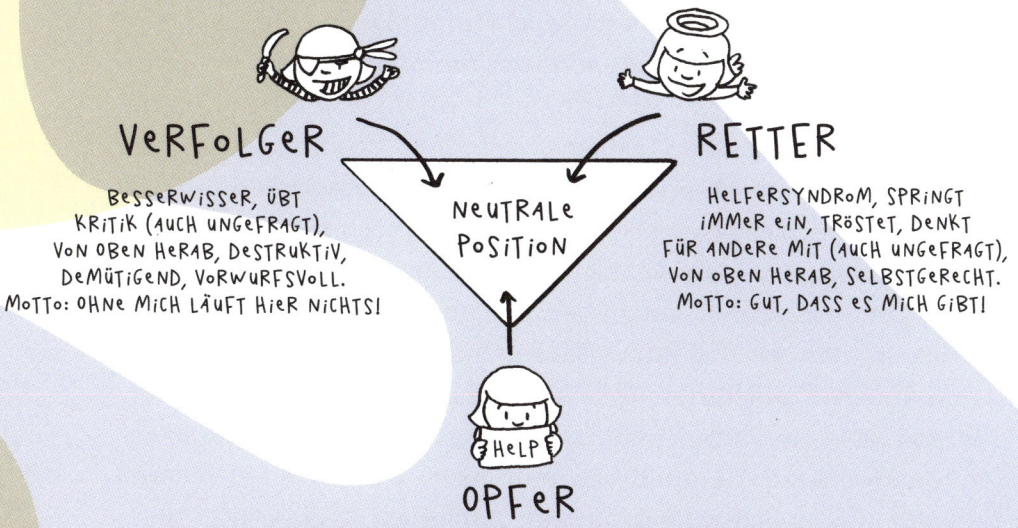

VERFOLGER

BESSERWISSER, ÜBT
KRITIK (AUCH UNGEFRAGT),
VON OBEN HERAB, DESTRUKTIV,
DEMÜTIGEND, VORWURFSVOLL.
MOTTO: OHNE MICH LÄUFT HIER NICHTS!

NEUTRALE POSITION

RETTER

HELFERSYNDROM, SPRINGT
IMMER EIN, TRÖSTET, DENKT
FÜR ANDERE MIT (AUCH UNGEFRAGT),
VON OBEN HERAB, SELBSTGERECHT.
MOTTO: GUT, DASS ES MICH GIBT!

OPFER

PASSIV, HILFLOS, FÜHLT SICH UNGERECHT BEHANDELT,
ABLEHNUNG UND HILFLOSIGKEIT, REBELLISCH, TROTZIG.
MOTTO: ICH ARMES OPFER!

die Mutter, die jedem ins Wort fällt und alles besser weiß. Flugs sind die Rollen verteilt, der erste Durchlauf kann beginnen und die Kinder sind sofort in ihrem Element:

Junge Frau: »Mir ist so schlecht, mein ganzer Bauch …«
Krankenschwester: »Der Doktor kommt gleich, wir nehmen Ihnen erst mal Blut ab und …«
Mutter: »… das ist der Blinddarm, das sieht man doch, schauen Sie nur, wie sie sitzt, ganz krumm.«
Krankenschwester: »Der Arzt wird sie gleich untersuchen dann sehen wir …«
Mutter: »Was sehen wir? Es ist der Blinddarm! Wenn ich es Ihnen doch sage!«
(...)

Für Martina ist es immer wieder erstaunlich, wie schnell Kinder in ihre Rolle finden – und mit wie viel Lust und Elan sie von der einen Rolle in die andere Rolle schlüpfen. Denn die Szene wird nicht nur einmal gespielt, sondern dreimal – sodass am Ende alle Opfer, Retter*in und Verfolger*in waren. Die Erkenntnis dabei: Jedem Menschen fällt eine bestimmte Position leichter, die einen lieben es, Dramaqueens zu geben, die anderen sind die geborenen Besserwisser*innen. Und dennoch beherrscht jede und jeder ganz offensichtlich eine breitere Klaviatur an Handlungsmöglichkeiten, wenn sie denn aufgefordert werden, sie zu nutzen. Und das bedeutet wiederum, dass man nicht gezwungen ist, in einer definierten Rolle auf immer und ewig zu verharren. Man kann sie ablegen und sich zugleich in andere Charaktere hineinversetzen, empathisch mitfühlen, weil man im Inneren weiß, wie es sich anfühlt, so oder zumindest so ähnlich zu sein.

 **Martina: »Du kannst noch so viel lesen, wenn du nicht ins Handeln kommst, veränderst du nichts! Ganz gleich, ob du auf der Theaterbühne stehst oder auf der Bühne deines Lebens.«**
Ute: »Und Veränderung fühlt sich viel leichter an, wenn man nicht alles zum Drama erhebt. Mal klappt etwas, mal klappt etwas nicht. Sich als Opfer einer Niederlage sehen, was für ein Quatsch!«

In Martinas Workshop gibt es ganz viele Ahas. Aufgeregt erzählen die Kinder bei der Nachbereitung, wie es sich anfühlt, Hilfe zu brauchen, ständig unterbrochen zu werden, immer auf Konfrontation zu gehen. Der Rollenwechsel führt zu einem Perspektivwechsel. Und der Perspektivwechsel ganz automatisch zu einer Metaebene, auf der die Kinder über das Erlebte neutral und reflektiert berichten. Dieser Zustand kommt der Nullstellung und dem Zwischenraum ganz nahe, die wir bereits in den Kapiteln »Vom Kleinen ins Große« und »Neue Perspektiven, bitte« beschrieben haben.

> *»Versuch Neues. Hab keine Angst.*
> *Komm raus aus deiner Komfortzone*
> *und heb ab, okay?«*
> Michelle Obama, Juristin

Wie kannst du nun selbst das Drama-Dreieck einsetzen und was kannst du daraus lernen? In welcher Situation du dich auch befindest, du hast die Möglichkeit, dich zumindest kurz aus der Szene herauszuziehen, die sich da vor deinen Augen abspielt. Aus der Distanz heraus wird schnell offensichtlich, welche Charaktere vor dir stehen, wer welche Rolle besetzt und wie sich das Drama mit ziemlicher Wahrscheinlichkeit fortsetzen wird. Aus dieser neutralen Position heraus kannst du innehalten und entscheiden: Will ich zurück in meine Rolle? Will ich in eine andere Rolle schlüpfen? Oder will ich mich komplett rausziehen und dadurch dem Ganzen eine neue Wendung geben?

Möglichkeiten zum Üben gibt es zuhauf. Denn Mini-Dramen lauern immer und überall – der Parkplatz, den dir besonders schnittige Zeitgenoss*innen wegschnappen, obwohl du schon den Blinker gesetzt hattest. Die Supermarktschlange, die dich von hinten überrollt, wenn eine neue Kasse öffnet. Gehaltsverhandlungen, in denen dir Auftraggeber*innen erklären wollen, dass es im Job doch wirklich nicht nur um Geld gehen sollte – Idealismus als finanzielles Totschlagargument. Versuche das nächste Mal, deine Angst zu überwinden. Gewinne den Überblick, komme ins Handeln, versuche, die Szene zu gewinnen. So wie unsere Heldin Bella: Wie würde sie entscheiden, sich aus der Situation befreien? Denn ein Feststecken in einem Gefühlszustand ist sowohl auf der Bühne als auch im Leben und im Beruf ein handlungsbremsender Zustand, der einem nicht gut- tut – und den wir uns mit Blick aufs Ganze eigentlich auch gar nicht mehr leisten können.

In einer Welt, die sich schnell verändert, unsicher und ambiva- lent ist, gilt es vermutlich mehr denn je: Handeln. Verantwor- tung übernehmen. Nicht immer nur ein und dieselbe Antwort liefern. Statt »Well yes, but actually no«-Typen, die die Probleme sehen und dennoch in ihren Mustern verharren, brauchen wir aktive Handlungsheld*innen, die sich den Herausforderungen mit neuen Perspektiven spielerisch nähern und auch stellen. Never play the victim, act like a star. Oder, um es mit dem Schauspiel- lehrer Sanford Meisner zu beenden: »An ounce of behavior is worth more than a pound of words.«

NEIN, KEINE PAYBACK-KARTE, JA, SAMMELPUNKTE UND FUßBALLKARTEN, KARTENZAHLUNG UND EINE JUTETASCHE. MEINE POSTLEITZAHL? OBERWEITE? SEXUELLE AUSRICHTUNG?

KATHARSIS

Aristoteles behauptet, der Mensch würde nicht das Geringste lernen, wenn er nicht die Fähigkeit zur Nachahmung besäße. Und die lasse sich am besten im Theater erlernen und verfeinern. Dafür müssen die Schauspieler jedoch die Gefühle der Zuschauer so aufwühlen, dass diese nach der Vorstellung wie gereinigt (Katharsis) aus dem Erleben der Tragödie hervorgehen – ganz so, als hätten sie Schmerz, Wut, Trauer, Eifersucht, Sehnsucht soeben wie in einer Art Fieberrausch selbst durchlebt und durchlitten. Aus diesen Gedanken des Selbsterlebens, der Nachahmung und der Weiterentwicklung des Erlebten, stammen die Prinzipien Inspektion, Adaption und Iteration, nach denen man in allen neuen Arbeitsmethoden vorgeht.

TADA ...
Schluss mit undercover, mach sichtbar, was du leistest

»Ich bin nicht die erste Frau, die Multitasking betreibt. Ich bin nicht die erste Frau, die arbeitet und ein Baby hat. Ich wurde dazu erzogen, eine unabhängige Frau zu sein, nicht das Opfer von irgendetwas zu sein – es gibt viele Frauen, die das schon gemacht haben.«

Jacinda Ardern, Politikerin

NEE SCHATZ, DIE KINDERZIMMER SIND NOCH NICHT AUFGERÄUMT...

OUR HOME INC.

BACKLOG | DOING | DONE

Und jetzt Werbung! Großraumbüro. Eine Frau sitzt einem Mann gegenüber. Sie im Business-Outfit, er auch. Schnöselig fragt er von oben herab: »Ihr Beruf? Oder sind Sie nur …« Statt »Hausfrau« zu sagen, reagiert sie geistesgegenwärtig und antwortet: »Ich arbeite in der Kommunikationsbranche und im Organisationsmanagement, außerdem gehören Nachwuchsförderung und Mitarbeitermotivation zu meinen Aufgaben, oder kurz, ich führe ein sehr erfolgreiches, kleines Familienunternehmen!« Im Hintergrund sieht man, wie sie saugt, bügelt, mit ihren drei Kindern Hausaufgaben macht, Streit unter den Geschwistern schlichtet, Gäste bekocht … Die Frau lächelt souverän, der Mann guckt kritisch, als wolle er sagen: Ups! Wie kann das sein? Wie kann eine Hausfrau so etwas von sich denken? Behaupten, ihre Arbeit sei mit richtiger Arbeit zu vergleichen.

Diese Werbung aus dem Jahr 2006 von der Firma Vorwerk kommt Ute im Corona-bedingten Homeoffice immer öfter in den Sinn. Hier hat sie ihre täglichen Aufgaben direkt nebeneinanderliegen. Haushalt versus Beruf, Beruf versus Haushalt. Moment mal, so versus ist das alles gar nicht, dieses Work-Life, oder ist es nicht viel mehr Life-Work? Jedenfalls verschmilzt gerade alles. Und das ist auch gut so, denn wenn wir unsere Home-To-Do-Liste mit unserer Working-To-Do-Liste vergleichen, fällt uns auf: So richtig unterscheidet sich das alles irgendwie nicht, unsere Arbeit im Büro und unsere Arbeit zu Hause. Aufgabe ist Aufgabe, Handlung ist Handlung, ob ich nun eine PowerPoint-Präsentation für den Vorstand erstelle oder private Einladungskarten gestalte, es erfordert beides gleich viel Zeit und gleich viel Hirnwindung. Über Wert lässt sich bekannterweise streiten. Doch zumindest Oxfam schätzt den Wert für all die unbezahlte Pflege- und Fürsorgearbeit, die vor allem Frauen und Mädchen weltweit leisten, auf elf Billionen US-Dollar, mindestens: »But its true value is much greater.«[18] Aha! Aber seien wir nicht kleinlich, bleiben wir erst einmal bei elf Billionen, im Vergleich

18 https://www.oxfam.org/en/not-all-gaps-are-created-equal-true-value-care-work

ist das 24-mal mehr als der Umsatz der Technologieriesen Apple, Google und Facebook zusammen.

> *» Care-Arbeit macht gesellschaftliches*
> *Miteinander überhaupt erst möglich,*
> *aber im heutigen System gilt*
> *sie nur in wenigen Bereichen*
> *als ›echte‹ Arbeit.«*
> Almut Schnerring, Sprecherzieherin, Journalistin

Wenn wir ohne BWL-Chichi und Business-Getue all unsere privaten und beruflichen Tagesaufgaben schlicht nebeneinander auf den Tisch legen und unseren Leistungen Aufwandsschätzungen zuteilen, so wird schlagartig sichtbar, wie viel Zeit in die Home-Arbeit fließt. Für das eine gibt's Geld, für das andere vielleicht ein Küsschen. Wir wollen jetzt nicht die Diskussion eröffnen, ob das in Ordnung ist oder nicht. Sondern uns der Frage stellen, warum wir Frauen zu allem Übel all die Aufgaben, die wir still und heimlich im Hintergrund einfach mal so wegwuppen, auch noch kleinreden, als minderwertig betrachten oder gar negieren? Unsere eigene Leistung in Abrede stellen … Argh!

 **Ute: »Irgendwie entzaubert sich diese alte Businesswelt ganz schön selbst.«**
Martina: »Na, das wird ja auch echt Zeit – muss ich als freischaffende Künstlerin jetzt einfach mal sagen.«

Wir verwandeln unser Homeoffice da schon lieber spaßeshalber in einen hippen Co-Working-Space um und kleben all unsere To-Dos für die nächste Woche mit bunten Post-its an eine weiße Schranktür. Und stehen vor einer riesigen, knallbunten Zettellandschaft: Ja! Top manager eat this – ganz ohne Sekretärin und Assistentenstab.

Sichtbar machen ist aber nicht nur wichtig, um Hausarbeit ernst zu nehmen und einen Wert zu geben. Es gibt noch zwei weitere gute Gründe.

> **» Der Versuch, die Auslastung zu maximieren, ist ein selbstzerstörerischer Prozess. Optimale Auslastung kann nur durch Konzentration auf den Fluss erreicht werden. «**
> *Mary Poppendiek, Lean-Spezialistin*

1. Es hilft gegen »Mental Load«. Darunter versteht man die Belastung, die durch das tägliche Organisieren unseres Alltags entsteht. Wie das in der Praxis aussieht, kennen wir wohl alle: Wir wachen nachts erschrocken auf, weil wir den Geburtstag einer Kollegin vergessen haben, dann ist da noch die Umsatzsteuer fürs Finanzamt, der Riss im Parkett, Zahnarzttermine … all das lässt sich nicht so leicht aus unserem Kopf fegen und sorgt für Mental Load. Ute steht deswegen in unruhigen Nächten nachts auf und hält ihre Gedanken fest: Was muss ich alles tun? Was ist wirklich wichtig, was muss ich sofort erledigen, was hat Zeit? Danach geht es ihr gleich besser. Die Arbeit ist fixiert und wirkt damit beherrschbarer. Vorausgesetzt, die Aufgaben werden mit Blick in den Kalender gut und realistisch über die kommenden Tage und Wochen verteilt und, wenn es sein muss, in Teilaufgaben zerlegt. Der Zeigarnik-Effekt ist zwar unter Wissenschaftlern umstritten, doch uns leuchtet die Aussage der russischen Psychologin Bljuma Wulfowna Zeigarnik schon ein: unerledigte und unterbrochene Arbeit geistert länger im Kopf herum als erledigte. Und führt geballt zu Anspannung und Überforderung. Wobei jeden Menschen andere Themen beschäftigen. Bei Martina geht es als freischaffende

Kreative eher um die Frage: Wie verwirkliche ich mein nächstes Projekt? Wann dürfen Kulturschaffende wieder normal arbeiten und kann ich Reisen und Kinderbetreuung gut miteinander verzahnen? Andere kreisen gedanklich um die kommende Miete, zu viel Moos im Rasen oder Rückenschmerzen. Hier gibt es keine Rangfolge, kein belastender oder weniger belastender, der Mental Load ist bei allen gleichermaßen da.

> **» Sich über den eigenen Wert klar zu sein, ist der erste Schritt. «**
> *Patricia Cammarata, Bloggerin*

2. Es führt dazu, dass wir uns als selbstwirksam erleben, wenn wir uns und anderen vor Augen führen, welchen wichtigen Beitrag wir leisten. Im Kleinen, aber auch im Großen und Ganzen. Und sich selbstwirksam zu erleben, ist nicht nur wichtig für unsere psychische Gesundheit, sondern auch für die Art und Weise, wie mutig wir hinausgehen in die Welt und neue Herausforderungen annehmen. Menschen, die sich selbstwirksam fühlen, ergreifen Chancen eher und beamen sich dadurch geradewegs hinein in eine sich nach oben windende Entwicklungsspirale, die auch »high performance circle« genannt wird. Denn jedes Lösen einer anspruchsvollen Aufgabe führt wiederum zu einer Erhöhung der eigenen Selbstwirksamkeitserwartung, die einem dann auch für die nächste Hürde genügend Push verleiht.

By the way: Tiffany Dufu, US-amerikanische Buchautorin und CEO der Coaching-Plattform The Cru, nennt unseren Hang, immer alle Hausarbeit automatisch zu erledigen, »Home Control Disease«.[19] Ihre These: Die ungleich verteilte Hausarbeit sei in viel höherem Maße auf den verinnerlichten Sexismus der Frau als auf den äußeren Sexismus des Mannes zurückzuführen. Ups! Klar trinken

19 Tiffany Dufu: *Drop the Ball. Achieving More by Doing Less.* Flatiron Books, New York 2017

Männer gerne Bier und schauen Fußball, aber der heimtückische, eigentliche Grund für die Ungleichverteilung in der Hausarbeit bestehe darin, dass wir Frauen dazu erzogen wurden, ein blitzblank sauberes Zuhause als Zeichen unseres gesellschaftlichen und familiären Wertes zu sehen – und alles an uns reißen. Autsch. Tja – wir sollten uns bei den Denkmodellen auch an die eigene Nase fassen und nicht nur pointen. Veränderung zum Besseren tut manchmal auch weh. Zumindest ein bisschen.

KANBAN-BOARD
Mache deine Arbeit sichtbar und klebe dir zu Hause ein einfaches Kanban-Board – der Begriff kommt aus dem Japanischen und heißt so viel wie Tafel oder Schild. Im Grunde ist es

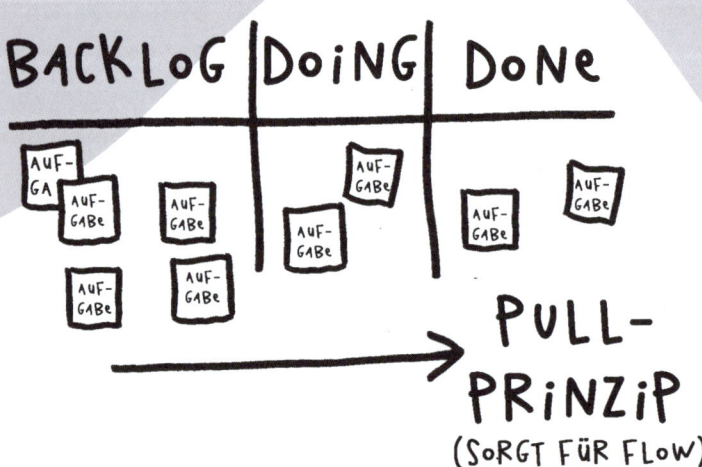

nicht mehr als eine Tabelle mit drei Spalten: Backlog, Doing, Done. In Backlog kommt alles, was zu tun ist. Von dort ziehst du dir deine Aufgaben ins Doing, zum Beispiel die Aufgaben für den heutigen Tag, und wenn sie fertig sind, ins Done. Du kannst Aufgaben auf diese Weise auch an andere Familienmitglieder delegieren. Sich Arbeitsschritte zu ziehen, wie es in Fachsprech heißt, nennt man auch »Pull-Prinzip« oder »Flussprinzip« und sorgt für einen ständig fließenden Arbeitsfluss (Flow), der einen weder unter- noch überfordert.

> *» Menschen erleben vor allem dann*
> *Selbstwirksamkeit,*
> *wenn Herausforderungen als kohärent –*
> *das bedeutet stimmig –*
> *angesehen werden. Kohärenz*
> *empfinden wir immer dann,*
> *wenn wir eine Aufgabe oder Situation*
> *als verstehbar,*
> *handhabbar und sinnhaft wahrnehmen.«*
> Jutta Heller, Resilienzexpertin

KREIS DER SELBSTWIRKSAMKEIT

Wie bleiben wir selbstwirksam? Indem wir uns stets auch bewusst machen, wo wir stehen und wofür es sich lohnt, seine Kräfte einzusetzen. Stephen R. Covey hat dieses aus der Lehre der Stoa kommende Konzept für uns mal aufgemalt. Im Kreis des Einflusses kannst du Partner*innen, Freund*innen, Kolleg*innen mit deinen Gedanken, Ideen, Wünschen und Forderungen erreichen. Im Kreis der Akzeptanz akzeptierst du Dinge wie das Wetter oder die Verkehrslage. Im Universum des Jammerns verlierst du dich in passiv-aggressivem Gejammer über Dinge, die du nicht ändern kannst. Es ist auch nicht gesund: Grübeln und Probleme

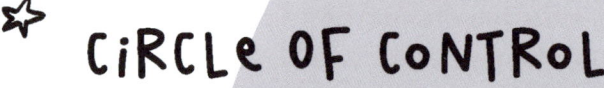

CIRCLE OF CONTROL

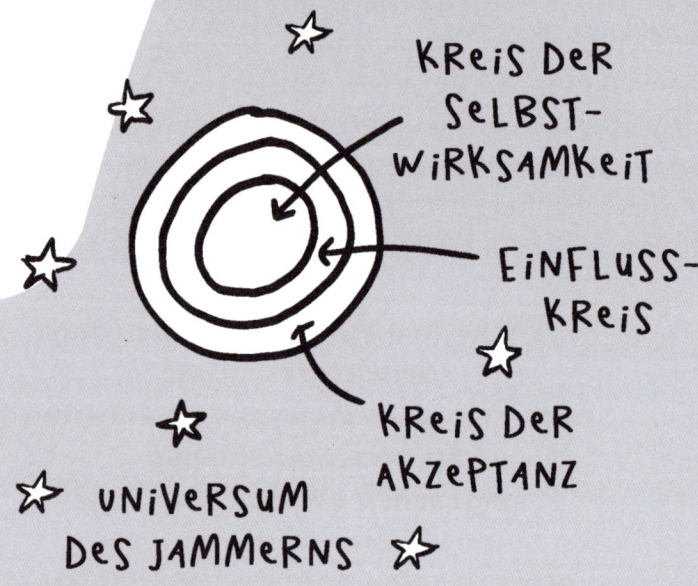

KREIS DER SELBST-WIRKSAMKEIT

EINFLUSS-KREIS

KREIS DER AKZEPTANZ

UNIVERSUM DES JAMMERNS

wälzen macht uns meistens noch ängstlicher und kann eine Abwärtsspirale in Gang setzen. Für uns heißt es: Pragmatism rules! Du spürst deine Wirksamkeit am besten in der Selbstwirksamkeit. Deshalb: Bleibe in deinem Circle of Control! Nur den kannst du, wie der Name schon sagt, kontrollieren und in deinem Sinne mitgestalten.

STELL DIR VOR,
KEINE ÜBERSTUNDEN, KEINE ÜBERVOLLEN
E-MAIL-POSTKÖRBCHEN,
KEINE STUNDENLANGEN GREMIENSITZUNGEN,
KEINE PROTOKOLLE, KEINE TERMINABSTIMMUNGEN -
SEITDEM WIR DIESES FLOW-KONZEPT HABEN,
WEISS ICH GAR NICHT MEHR,
WOMIT ICH ANGEBEN SOLL...

»People buy things they don't need,
with money they don't have,
to impress people they don't like.«
Clive Hamilton, Philosoph

ZWISCHEN WOHOOOO UND OH-OH

Ein facettenreiches Leben ist ein Leben in Balance

> *»Arbeite! Aber nicht wie ein Unglücklicher oder wie einer, der bewundert oder bemitleidet werden will. Arbeite oder ruhe, wie es das Beste für die Gemeinschaft ist.«*
>
> Mark Aurel, Politiker

Er kann gleichzeitig 1600 Küsse verteilen, mit der Haut schmecken, seine Farbe 177-mal in der Stunde verändern. Ups! Der Oktopus ist der Exzentriker unter den Tieren! Und wir lieben Exzentriker und Vielfalt! Iris Apfel, Jonathan Adler, Marina Abramovic – hoch solln sie leben, hoch, hoch! Wir hören den Podcast von Fabian Hart, besuchen Melodie Michelberger auf Insta, staunen über Celeste Barber und gucken alles Mögliche an Serien, von »Sex Education« über »Queer Eye« bis hin zu Gwyneth Paltrows neuer Show »The goop« – in der Frauen ihre Vulven betrachten, Rock-'n'-Roll-Orgasmen erleben oder mit magischen Pilzen ihre Traumen überwinden. Und manchmal verschlägt es uns auch auf reichlich abgefahrene Business-Festivals in Berlin-Kreuzberg mit Namen wie »Hans und Marie«, bei denen lauter Shiny-Happy-People auf der Bühne über unsere Shiny-Happy-Zukunft singen, dass man sich fragen könnte: Haben die auch gepilzt? Unter den Zuschauern Manager von VW über Siemens bis hin zu Beiersdorf und Vattenfall, die hier mit diesen quietschfidelen Mindfulness-Menschen für zwei Tage grünes Zukunfts-Lönneberga spielen dürfen. Hach, einfach super Community hier! Handküsse und Namastes dort! Natürlich ist das mitunter alles ein bisschen drüber, weird und widersprüchlich. Doch ein liebevoller Blick, Offenheit, Humor, Gelassenheit und unseretwegen auch das Falten der Hände mit einer kleinen Verbeugung sind aus unserer Sicht immer noch besser und ein wertvollerer Alltagsbreak als Arroganz, Finger-Pointing, feuilletonistische Von-oben-herab-Kritik und letztlich ein Weiter-wie-gehabt. Aha! Building statt Bashing!

 **Ute: »Krasser Stretch: Eben noch meditieren, jetzt Klo putzen ...«**
Martina: »Wohooo, kenn ich ...«

Wichtiger ist die Frage, wie wir uns bei all der Vielfalt fokussieren wollen? Wie sich in all dem Getöse nicht verlieren, nicht verzetteln? Hier mal reinschnuppern, dort mal reinstolpern, und am Ende doch nichts verändert bekommen. Oder das eine zu ernst nehmen und dafür das andere aus dem Auge verlieren. Und natürlich auch immer wieder Fuß fassen im Alltag. Klar, wir könnten zur Besinnung selbst angerührten Matcha-Tee schlürfen, unsere Mails wie Tom Hanks auf einer Smith-Corona-Silent-Schreibmaschine tippen, unseren Klamottenberg mit Sunray Dollase auf 31 Teile reduzieren oder wie Tom Hodgkinson zumindest für ein verlängertes Wochenende zum *idler* werden. Wir können digital detoxen, uns simplifyen, downshiften, less-is-moren, walden oder

20 Ned Herrmann: The Whole Brain Business Book. Harnessing the Power of the Whole Brain Organization and the Whole Brain Individual. McGraw Hill, New York 1996.
21 Ken Wilber: Wege zum Selbst. Östliche und westliche Ansätze zu persönlichem Wachstum. Goldmann Verlag, München 2015.

uns voll aus- und abslowen. Doch irgendwie funktioniert das für uns nicht! Wir wollen nicht das Gefühl haben, uns künstlich verknappen zu müssen oder für zwischendurch irgendeine Retro-Gegenbewegung auf das zu sein, was nun mal ist: die Gleichzeitigkeit vieler Kraftfelder, die an uns ziehen und um unsere Aufmerksamkeit buhlen.

Wir bekommen es auch ganz oft nicht hin. Aber unser Rezept für mehr Balance in unserem Leben lautet, ups, Balance halten.

ICH MACHE JETZT CAPSULE WARDROBE, ABER ICH KONNTE MICH NICHT VON MEINEN 37 HANDTASCHEN TRENNEN...

Eine wacklige Angelegenheit, wie jeder weiß, der im Sportunterricht mal auf einem Schwebebalken stand. Doch wir kommen nicht drum herum. Nach einem abgefahrenen Zukunftskongress braucht es wieder Erdung auf dem Sofa zu Hause. Nach einer ausgiebigen Binge-Watching-Session auf Netflix muss ein gutes Buch her. Nach fünf Ottolenghi-Rezepten braucht es 'ne schlichte Portion Pommes mit Majo und nach drei Partys einen ausgedehnten Waldspaziergang. Weil wir sonst Gefahr laufen, uns zu zerfasern oder zu eindimensional zu werden. Beides macht auf Dauer keinen Spaß. Balance halten hört sich vielleicht dröge an, ist aber der Schlüssel zu einem reichhaltigen, facettenreichen Leben.

Es gibt verschiedene Modelle, die dir dabei helfen, ins Gleichgewicht zu kommen: zum Beispiel das Vier-Quadranten-Modell von Ned Herrmann[20] oder das AQUAL-Modell von Ken Wilber.[21] Vorstellen möchten wir dir hier jedoch das von uns etwas erweiterte Lebensbalance-Modell von Nossrat Peseschkian, weil es ziemlich einfach und pragmatisch ist. Fang einfach an, ohne Krampf und Zwang, ohne Anspruch darauf, alles sofort und immer richtig zu machen, das geht eh nicht. Aber die Zeit, dich auszubalancieren, solltest du dir nehmen. Ja!

> *»Das Leben ist wie ein Fahrrad.*
> *Man muss sich vorwärtsbewegen,*
> *um das Gleichgewicht nicht zu verlieren.«*
> Albert Einstein, Physiker

Wie du siehst, gliedert sich das Modell in vier Bereiche. Diesen kannst du Aufgaben und Aktivitäten zuordnen – für deine Jahres- und Monatsplanung genauso wie für deinen Tag. Dafür morgens kurz die Aufgaben durchgehen, auf Zettel schreiben und diese dann so verteilen, dass in allen Quadranten etwas vorkommt.

> *»Mein Mann hatte eine Phase,*
> *in der er mir Staubsauger,*
> *Nähmaschinen und Mixer schenkte.*
> *Er ermutigt mich, ein Hobby zu entwickeln,*
> *denke ich.«*
> Cate Blanchett, Schauspielerin

Hast du alle Aufgaben und Aktivitäten zugeteilt, nimmst du dir jedes Kästchen einzeln vor und priorisierst – was ist dir heute in jedem der vier Bereiche am wichtigsten? Noch mal. Es wird Tage geben, an denen du kaum zu etwas anderem kommst als arbeiten. Vielleicht weil du mitten in einem Projekt steckst und der Abgabetermin empfindlich naherückt. Und doch solltest du mit der Zeit ein Gefühl dafür bekommen, dass es in deinem Leben ja noch so viel mehr gibt. Auch unter Gesundheit gibt es eine Prio 1. Genauso wie unter Sinn und Kultur.

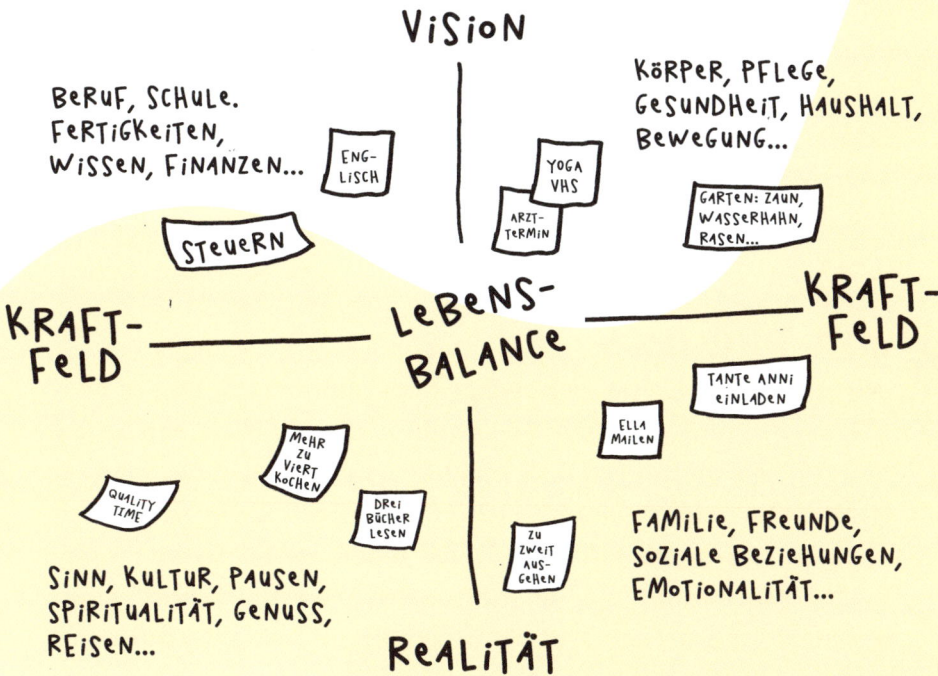

VISION

BERUF, SCHULE.
FERTIGKEITEN,
WISSEN, FINANZEN...

ENG-
LISCH

YOGA
VHS

ARZT-
TERMIN

KÖRPER, PFLEGE,
GESUNDHEIT, HAUSHALT,
BEWEGUNG...

GARTEN: ZAUN,
WASSERHAHN,
RASEN...

STEUERN

KRAFT-
FELD

LEBENS-
BALANCE

KRAFT-
FELD

TANTE ANNI
EINLADEN

ELLA
MAILEN

MEHR
ZU
VIERT
KOCHEN

DREI
BÜCHER
LESEN

ZU
ZWEIT
AUS-
GEHEN

QUALITY
TIME

SINN, KULTUR, PAUSEN,
SPIRITUALITÄT, GENUSS,
REISEN...

FAMILIE, FREUNDE,
SOZIALE BEZIEHUNGEN,
EMOTIONALITÄT...

REALITÄT

Außerdem wirst du merken: Ups! Wenn ich ehrlich bin, schaffe ich vielleicht im Schnitt sieben bis zehn Aufgaben pro Tag. 20, wie ich dachte, sind viel zu viel! Ich habe zu hohe Erwartungen an mich. Deshalb fühle ich mich oft gestresst und mir geht die Puste aus. Oder umgekehrt: Ich bin viel zu einseitig unterwegs, deshalb bin ich matt und unzufrieden. Dann legst du dir die Aufgaben und die Geschwindigkeit so, dass es gut passt und du in einen guten Rhythmus findest. Dazu gehört auch: Nein zu Dingen zu sagen, die dich daran hindern, die verschiedenen Aspekte deines Lebens auszubalancieren.

Aristoteles nannte das Prinzip des Ausbalancierens übrigens **Mesotes**, die richtige Mitte finden zwischen zwei entgegengesetzten Lastern. In der Tugend dazwischen sieht er das gute Leben, das Menschen nachhaltig glücklich macht. Beispiele dafür sind nach Aristoteles unter anderem:

Stumpfsinn – **Mäßigkeit** – Zuchtlosigkeit
Verschwendung – **Freigiebigkeit** – Geiz
Schmeichelei – **Freundlichkeit** – Streitsucht
Intoleranz – **Toleranz** – Ignoranz
Selbstzweifel – **Selbstbewusstsein** – Selbstüberschätzung
Kleinmut – **Mut** – Hochmut

20%-PROJECT

Wenn du zu einseitig unterwegs bist, nimm dir doch pro Woche 20 Prozent deiner Arbeitszeit, in der du dich mit völlig neuen Themen befasst – so machen es zumindest die innovativen Unternehmen, nennt sich 20%-Project! Oder setze dich in deiner Organisation gleich für einen innovativen Freaky Friday pro Monat ein, an dem sich alle Mitarbeiter*innen selbst organisiert und frei mit neuen Ideen befassen oder einfach mal die Rollen switchen können – der Austausch darüber inspiriert und begeistert ungemein. Geht übrigens auch zu Hause.

PENDELBEWEGUNG

Interessanterweise neigen wir Menschen innerlich zur Balance. Nach Trubel sehnen wir uns nach Stabilität, nach Ruhe wollen wir Action. In der Chaosforschung nennt man dieses Ausbalancieren zwischen zwei Polen oder Kraftfeldern Pendelbewegung. Und letztlich ist dieser schwingende Zustand Kennzeichen von allen stabilen Systemen und Systemchen. Das Schöne: Auf diesen natürlichen Verlauf können und sollten wir vertrauen, gerade wenn es heftigst ruckelt. Selbst nach dem Dreißigjährigen Krieg waren über 70 Gesandte aus verschiedensten Ländern fähig, einen Friedensvertrag auszuhandeln …

Ute: »Eigentlich müssten wir uns alle als kleine pendelnde Mini-Systemchen im System verstehen.«

Martina: »Klar, gilt für die Partnerschaft genauso wie für ein Team oder ein Ensemble. Wir alle müssen in der Lage sein, uns aufeinander einzulassen und uns einzugrooven.«

Ute: »Das sehr positive und bejahende Resonanzkonzept von Hartmut Rosa ist ja im Grunde nichts anderes. Groovie.«

EXKURS:

Ein ausbalanciertes, erfülltes Leben nach der humanistischen Psychologie von Abraham Maslow

Wir alle kennen die Bedürfnispyramide von Abraham Maslow. Ganz oben steht der Begriff der Selbstaktualisierung (self actualization), den der internationale Thinktank Millennium Project in seiner Zukunftsstudie sogar zum Positivszenario für die Arbeitswelt 2030 erhebt.[22] Im maslowschen Verständnis geht es nämlich nicht um die Selbstverwirklichung und Selbstoptimierung im traditionellen, materiellen Verständnis, sondern um die volle, kreative Potenzial-

22 https://www.bertelsmann-stiftung.de/de/publikationen/publikation/did/2050-die-zukunft-der-arbeit/

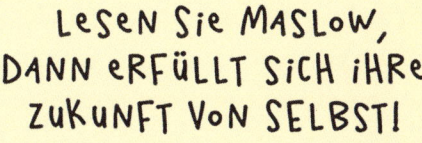

entfaltung der eigenen Persönlichkeit. Um Selbsterfüllung. In seinem Klassiker *A Theory of Human Motivation* von 1943 verrät der US-amerikanische Psychologe, was er im Hinblick auf seinen Ansatz der humanistischen, positiven Psychologie darunter versteht – eine Psychologie, die sich vor allem mit den Themen Glück, Optimismus, Vertrauen und individuelle Stärken beschäftigt und nicht wie die traditionelle Psychologie eher mit Schwächen und Defiziten. Aus unserer Sicht kann uns Maslows Liste gut als Regelwerk und Leitbild dienen – sowohl für einen wertschätzenden Umgang mit sich selbst als auch für ein respektvolles Miteinander in Partnerschaft, Familie und beruflichen Teams. Ein Auszug:

- Wahrnehmung und Anerkennung des eigenen Wesens.
- Liebevolle Annahme eigener Unzulänglichkeiten bei gleichzeitiger Arbeit an der eigenen Persönlichkeit.
- Ein klarer moralischer Sinn für falsch und richtig. Dennoch wenig urteilend über andere Menschen.
- Keine unterschwellige Angst vor der Unsicherheit, stattdessen Umarmung des Unbekannten und der Vielfältigkeit.
- Nicht abhängig von anderen, auch alleine in der Lage, glücklich zu sein.
- An tiefen, aber oftmals nicht so vielen menschlichen Beziehungen interessiert. Sich dennoch identifizieren als Teil der gesamten Menschheit.
- Achtsamkeit, sich selbst und anderen gegenüber.
- Empathie, sich selbst und anderen gegenüber.
- Statt über Probleme zu klagen, liegt der Fokus im Finden von Lösungen.
- Statt allen Modeerscheinungen zu folgen, einer eigenen Linie treu bleiben.
- Trotz Eigenständigkeit nicht die eigene Besonderheit zur Schau stellen.

- Auch im Kleinen aufmerksam und respektvoll sein.
- Ausrichtung des Interesses auf die tiefere Bedeutung des eigenen Daseins und des Lebens an sich, motiviert durch den Wunsch nach persönlicher Entwicklung.
- Aufgabe suchen, die einen erfüllen.
- Kein Perfektionismus – auch Zorn, depressive Verstimmung, Verwirrung gehören zum Menschsein dazu.

Abraham Maslow war ein US-amerikanischer Psychologe und gilt als Gründervater der Humanistischen Psychologie.

NOPE IST
DAS NEUE SIMPLIFY

Mit Weglassen mehr Wert erschaffen

> **» *Eine Gesellschaft, die informationsreich ist, ist aufmerksamkeitsarm.* «**
>
> *Herbert Simon, Sozialwissenschaftler*

Gefühlt wollen alle was von uns! Wir werden zugespamt mit Push-Nachrichten, News, Mails und neuen Serien, Anfragen und Bitten. Alle buhlen um das, was im Medienzeitalter am wertvollsten ist: unsere Aufmerksamkeit! »Information Overload«, wie Zukunftsforscher Alvin Toffler das nennt. Wie gerne möchten wir manchmal die Stopp-Taste drücken. Und das machen wir jetzt einfach mal.

- **Stopp!**
- **Puh!**
- **Tut gut, oder?**

In einer Welt, in der Aktionismus und die Fülle des E-Mail-Postkörbchens ein Statussymbol sind, machen wir genau das Gegenteil: Pause! Ruhe! Nix tun! LOMO (Love Of Missing Out) statt FOMO (Fear Of Missing Out). 138 Minuten sind wir durchschnittlich täglich in den sozialen Medien unterwegs, umgerechnet sind das fast 35 Tage und Nächte im Jahr. Ups!

 **Martina: »Unser kurzes Leben hier auf Erden ist nicht nur angesichts der Unendlichkeit krasses Timeboxing.«**

Drück mal öfter die Stopp-Taste und überlege, was dir wirklich, wirklich wichtig ist. Wie das geht? Du kannst dir einen Brief aus der Zukunft schreiben. In dem steht, was du alles hier auf Erden rückblickend erlebt hast – und was alles nicht. Du kannst aber auch einen Wertecheck machen. Den finden wir für den Anfang schon ziemlich gut. Welche Werte leiten dich in deinem Leben, in deinem Tun? Was ist wirklich wichtig und wertvoll für dich? Im

Internet findest du hierfür viele Listen mit Begriffen von Aben-
teuerlust, Humor und Höflichkeit bis Ordnungssinn und Sauber-
keit.[23] Schreibe dir deine zentralen drei bis maximal fünf Werte
auf einen Zettel, den du immer wieder hervorholen kannst, um
deinen Alltag daran zu messen. Werte können sich im Laufe des
Lebens übrigens auch verändern – alles ist beweglich. Und ak-
zeptiere, dass es Menschen mit anderen Werten gibt. Das nennt
man Vielfalt, und die macht uns Menschen menschlich.

Auch für die Arbeit gilt: Stecker ziehen. Ist kein neues Thema.
Schon C. Northcote Parkinson stellte in den 50er-Jahren nach
zahlreichen Analysen fest: »Arbeit dehnt sich in genau dem Maß
aus, wie Zeit für ihre Erledigung zur Verfügung steht.« Kennen
wir, oder? Hello Bürokratie! Hello Aktionismus. Hello Meeting-
Overload. Dabei wollten und sollten wir doch eigentlich alle weniger arbeiten, es gemütlicher und bequemer haben, oder? Der
Jahrhundertökonom John Maynard Keynes schrieb in seinem
Aufsatz »Economic Possibilities for our Grandchildren«, dass wir
durch Technologie viel weniger arbeiten müssten. Für das Jahr
2030 legte er sich auf 15 Stunden pro Woche fest. Den Rest
könnten wir mit der sinnvollen Gestaltung unserer Freizeit verbringen.[24] Das Gegenteil ist der Fall, gefühlt wird so viel geackert
wie noch nie. Und Zoom hat noch mal eine Schippe draufgelegt.
Entgrenzung und Dauerverfügbarkeit total. Jetzt fallen sogar die
Pausen im Flieger, der Bahn, der U-Bahn oder auf dem Fahrrad
weg. Mal ehrlich, wozu nützt uns der ganze technische Fortschritt,
wenn wir noch mehr knechten und uns noch mehr stressen?
Busyness = Bedeutung?

> »*Ziel des Lebens ist es,*
> *nicht ein erfolgreicher Mensch zu sein,*
> *sondern ein wertvoller.*«
> Albert Einstein, Physiker

23 Einfach Persönliche + Werte + Liste in die Suchmaschine eingeben.
24 https://www.handelszeitung.ch/blogs/free-lunch/15-stunden-woche-warum-sich-keynes-so-massiv-irrte-1037721

Ein Freund von Ute arbeitete eine Zeit lang in Schweden. In den ersten Wochen nach deutschen Maßstäben, morgens als Erster im Büro und abends oft bis neun oder zehn. Irgendwann tippte ihm ein schwedischer Kollege auf die Schulter und fragte: »Hast du keine Familie?« Überhaupt Schweden! 2017 hat das Land einen Versuch gestartet, bei dem im Gesundheits- und Sozialsektor der Arbeitstag bei gleichem Lohn auf sechs Stunden verkürzt wurde. Qualität und Produktivität stiegen, der Krankenstand sank.[25] Aha!

So rein menschlich gesehen ist unser Verhalten eigentlich ziemlich irrsinnig. Von wegen Wohlstand! Verstehe dieses Paradox, wer will! Wir verstehen es nicht. Für uns sind die Pause, das verkürzt oder einfach mal weniger arbeiten, weniger Aktionismus, weniger Heckmeck, mehr Nachdenken, mehr Ruhe und Muße, ein Zeichen von Luxus und Status. Kleiner Tipp: Legen wir uns wieder ein gutes altes Hobby zu! Kein Vergleich, kein Leistungswettkampf, nur wir und die selbst gewählte Challenge. Toll! Diesen Zustand nennt man auch Flow oder altmodisch Autotelie, und die Psychologin Kate Sweeny hat mit ihrem Team herausgefunden, dass Menschen, die dazu fähig sind, psychisch viel besser mit der Wartezeit in der Corona-Krise umgehen konnten.[26] Aha!

Ute blickte mal den Coaches einer Berliner Innovationsberatung über die Schulter. Jeder Workshop war exakt getaktet. Wenn der Time-Timer piepte, ging es in die nächste Übung –

25 https://taz.de/Arbeitszeit-in-Schweden/!5459426/
26 Zeit Magazin. Nr. 53 vom 17.12.2020, S. 50/51

ohne Wenn und Aber! Warum? Aus Respekt vor der Lebenszeit! Kein Scherz! Und eine klare Aufforderung an uns alle, es genauso zu tun. Spätestens nach dem dritten Mal lernst du diese Art der Zeitverknappung zu schätzen und fragst dich: Warum bin ich vorher eigentlich in so vielen Labermeetings oder PowerPoint-Vorleseschlachten

sitzen geblieben? Ist es nicht eigentlich eine ganz schöne Frechheit, mir mit langweiligen Workshops so viel Zeit zu rauben?

 **Ute: »Kein agiles Meeting ist unvorbereitet, falls doch, ist es mit Sicherheit kein agiles Meeting!«**

Ernsthaft. Lasst uns anfangen, uns auf die wesentlichen Dinge auszurichten: Was wollen wir im nächsten Sprint schaffen? Ja! Keine Sonderlocken, kein Verzetteln, keine Überproduktion, keine Verschwendung, kein, ich muss dazu aber auch noch was sagen. Und uns fragen: Welchen Wert stiften wir hier eigentlich mit unserem tagtäglichen Tun?
Übrigens ist die Vermeidung von unnötiger Arbeit auch ein sehr agiler Gedanke:

»Einfachheit –
die Kunst, die Menge nicht getaner Arbeit
zu maximieren – ist essenziell.«
Zehntes agiles Prinzip

TIMEBOXING

Timeboxen ist toll. Es geht ganz einfach: Du stellst für ein Meeting oder ein Gespräch die Uhr, und wenn vorbei, dann vorbei! Verknappe die Zeit! Und zwar radikal. Besprech das aber vorher im Team – und übt euch gemeinsam im Cut, im einfach mal weglassen. Das steigert Produktivität, Kreativität, Flow und Fokus und vermeidet schlicht: Zeitverschwendung! Nennt sich übrigens auch Edwards-Gesetz.

 **Martina: »Das kennt ja jeder, kurz vor der Premiere oder einer Veröffentlichung kommt man in einen wahnsinnig kreativen Verdichtungsprozess, da steigt das Adrenalin, da bist du extrem fokussiert und irre im Flow, die Zeitverknappung ist dann ein regelrechter Kreativitätsboost.«**
Ute: »Deshalb ist es ja in Projekten auch so wichtig, sich ein paar Meilensteine zu stecken. Nicht um sich zu hetzen, sondern um die Kreativität zu boosten.«

WERT

#Wert und #ValueCreation scheinen in der neuen Arbeitswelt Trending Topics zu sein. Ständig wird man aufgefordert, über den wirklichen Wert seiner Arbeit und seines Unternehmens nachzudenken – und wie man ihn möglicherweise steigern kann. Ziemlich cool, weil neu und anders gedacht. Allerdings: Wert? Was ist das überhaupt? Als Business Value, so lesen wir, versteht man all das, was sich nicht so leicht messen lässt. Also nicht Umsatz, Gewinn, Marge, Handelsspanne, Deckungsbeitrag, Cashflow. Sondern der Nutzen, ja, die Bedeutung von Produkten und Dienstleistungen für Mitarbeiter*innen, Kund*innen, Geschäftspartner*innen. Oder gar für die Gesellschaft, die Umwelt, unsere Welt.

Warum diese Frage in der digitalen Zukunft so wichtig ist? Weil auf gesättigten Märkten mit Me-too-Produkten kein Land mehr zu gewinnen ist. Und schon gar keine Freude. »All happy companies are different: each one earns a monopoly by solving a unique problem«, sagt Peter Thiel in seinem Vortrag »Competition is for losers« an der Stanford University. Einzigartige Lösungen für einzigartige Probleme. Toller Nebeneffekt: Bye-bye Wettbewerb! Bye-bye Vergleich! Denn den haben Organisationen, die wirklichen Wert schaffen, nicht mehr nötig. Indem sie Probleme von Menschen lösen und auf diese Weise einzigartige, wertvolle Beziehungen zwischen ihren Mitarbeiter*innen, Kund*innen und Stakeholder*innen aufbauen, sind sie nur bei sich, ihrer Idee und ihrer Überzeugung! »Im Grunde sind es doch die Beziehungen zu den Menschen, welche dem Leben seinen Wert geben«, damit hatte Humboldt voll recht!

Sollten wir diesen simplen Gedanken nicht einfach auch auf unser Leben übertragen? Und uns ab jetzt einfach nicht mehr mit anderen vergleichen, sondern in uns selbst unsere Stärken, unsere Einzigartigkeit finden und damit denen nutzen, die uns am Herzen liegen, die uns am meisten brauchen, und dadurch Wert schaffen, für das, was uns wirklich wichtig ist?

»Future is about creating value.«
Jessica Jackley, Gründerin

IMPACT MESSEN
MIT WIRKUNGSZIELEN

»Die richtigen Dinge tun!«, dieser Satz von Peter Drucker ist wie eine Art Mantra. Statt Effizienz wollen wir Effektivität und statt auf Output konzentrieren wir uns auf Outcome. Dafür messen wir Arbeitsleistung nicht mehr nur in Kennzahlen (KPIs), sondern anhand von Effekten, Impact- oder Wirkungszielen.
Es gibt eine Reihe von Wirkungszielmethoden, die einen dabei unterstützen können: Objectives and Key Results (OKR) von Intel oder auch eine einfache User Story in Scrum. Diese Methoden führen durch Begrenzung und Priorisierung zu einem Weniger an Aktionismus und zu einem Mehr an Fokus, Bedeutung und Sinn! Vor jedem Projekt oder vor jedem neuen Jahr fragen wir uns: Welchen Nutzen oder Wert wollen wir eigentlich stiften? Welche Probleme lösen? Welche Wirkung in diesem Jahr erzielen? Dann werden pro Unternehmen, pro Team, pro Person drei bis maximal fünf Wirkungsziele priorisiert (mehr kann sich eh keiner merken), die zugehörigen Messgrößen (Key Results oder Akzeptanzkriterien) darunter geschrieben und danach die Aufgaben zur Umsetzung festgelegt – fertig! Simpel, aber mordseffektiv!

Ein einfaches Tool, das du auch privat für dich selbst oder andere nutzen kannst, ist das sogenannte Impact Mapping. Es hilft bei vielen Aufgaben oder Problemstellungen wie zum

IMPACT MAPPING

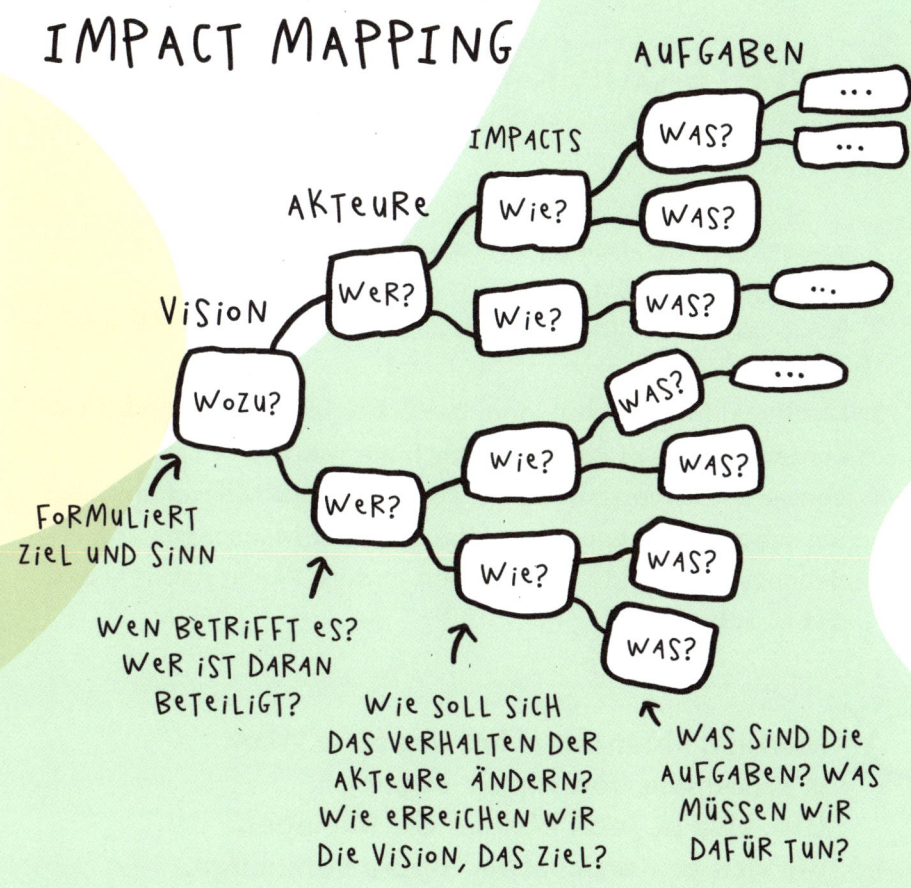

Beispiel: Verbesserung meiner Fitness oder vor einem Einstellungsgespräch – was sind meine Ziele, wie kann ich sie erreichen, was muss ich dafür tun? Probiere es an einer weißen Wand mit Post-its aus, einfach machen und locker starten. Du wirst erstaunt sein, was dabei herauskommt.

 **WERTE-QUICK-WINS**

Richte dich jeden Morgen kurz innerlich auf das Wertvolle in deinem Leben aus:

1. Bedenke immer, deine Lebenszeit ist begrenzt und das Wertvollste, was du hast.
2. Fokussiere dich auf die wesentlichen Dinge, lasse die anderen sein.
3. Mach mal Pause, halte inne, betrachte einen Alltagsmoment kontemplativ – er kommt nämlich nie wieder.
4. Vermeide Zeitverschwendung und negative Menschen.
5. Sei achtsam gegenüber der Zeit anderer Menschen.
6. Beachte, dass andere Menschen andere Werte haben – und das ist sehr okay!

 **Martina: »Manchmal hat das New Work ja schon was von Hippie-Lager.«
Ute: »Na ja, jetzt können die Manager, die sich zu Karneval als Hippie verkleiden, jeden Tag so zur Arbeit kommen!«**

EXKURS:
Das Verständnis von Arbeit nach Frithjof Bergmann

Darf Arbeit Spaß machen, der persönlichen Selbstverwirklichung dienen? Etliche Philosoph*innen, Soziolog*innen und Ökonom*innen haben sich Gedanken über den Sinn und Zweck von Arbeit gemacht wie Friedrich Hegel, Karl Marx, Richard Sennett, Hannah Arendt oder eben auch Frithjof Bergmann. Mit seinen Büchern

On Beeing Free, Neue Arbeit, Neue Kultur und *Die Freiheit leben* setzt sich der österreichisch-US-amerikanische Philosoph seit mehr als 40 Jahren für ein völlig neues Verständnis von Arbeit ein, das einen hohen Grad an Selbstbestimmung, Selbstverwirklichung und Kreativität beinhaltet. Menschen sollten seiner Auffassung nach das tun, was sie »wirklich, wirklich« wollen, eine Tätigkeit ausüben, die ihren Wünschen, Träumen, Talenten und Hoffnungen entspricht. Bergmann spricht von einer »Selbstunkenntnis« der derzeitigen Lohnerwerbstätigen, die sie durch Reflexionsprozesse überwinden können. Nicht mehr die klassische Lohnarbeit ist das Ziel, New Work soll der persönlichen Entfaltung dienen und das kreative Potenzial jedes Einzelnen genutzt werden, um die Gesellschaft nachhaltig zu verbessern. Im Hinblick auf die Zukunft unserer Arbeit gibt es verschiedene Szenarien, die von Massenarbeitslosigkeit durch Automatisierung bis hin zu einer Zukunft der kreativen, selbsterfüllenden sozialen Arbeit und einem neuen Miteinander im Kleinen reichen. Auch hier gilt es, sich jetzt zu positionieren: Wie wollen wir in Zukunft arbeiten? Welchen Stellenwert soll Arbeit im Leben unserer Kinder spielen? Welche Idee haben wir von Arbeit? Wir plädieren ganz im Sinne Bergmanns für eine Welt, in der Arbeit als kreative Verwirklichung und Potenzialentfaltung eines jeden Menschen verstanden wird.

Frithjof Bergmann ist Philosoph und Begründer der New-Work-Bewegung. Seine ersten Bücher erschienen im Zuge der Automatisierung und erleben aufgrund der zunehmenden Digitalisierung gerade ein Revival.

DECODIERE DEINE DENKE

Wie du mentale Modelle und kognitive Verzerrungen enttarnst

> » *Strukturen, die uns nicht bewusst sind, halten uns gefangen. Sobald wir sie wahrnehmen und benennen können, verlieren sie ihre Macht über uns. Das gilt für Menschen ebenso wie für Organisationen.* «
>
> Peter Senge, Organisationswissenschaftler

Nein, leicht war die Situation für den Politikprofessor Robert Kelly nicht! In einem Live-Interview mit dem Nachrichtensender BBC will der Südkorea-Experte über die Amtsenthebung der Staatschefin Park Geun-hye sprechen, von zu Hause aus, via Skype, als plötzlich die Tür seines Arbeitszimmers auffliegt und seine beiden Kinder hineingetollt kommen. Zuerst tanzt die Tochter im quietschgelben Pulli fröhlich in das Zimmer und steuert neugierig auf Papas Schreibtisch zu, dann rollt der Sohn in seinem mobilen Babystühlchen hinterher. Peinlich berührt versucht Kelly, die Tochter mit der Hand zur Seite zu drängen, die es sich daraufhin auf einer Tischkante bequem macht und genüsslich weiter an ihrem Lolli schleckt, während Papi Südkorea erklärt. Irgendwann stürmt seine Frau

HALLO?
IST DA
jeMAND?

27 https://www.youtube.com/watch?v=Mh4f9AYRCZY

durch die Tür und zerrt die Kinder hektisch und halb auf dem Boden liegend aus dem Bild. Das Video wurde bei YouTube über 41 Millionen Mal aufgerufen.[27] Während in den sozialen Netzwerken die einen das »unväterliche« Verhalten monieren, loben andere Kellys Professionalität. Der entschuldigt sich kurz und macht weiter mit dem Interview. Business as usual. Wirklich?

Ups! Was hat uns da getriggert? Und warum meinten viele, die Frau, die da durchs Bild robbte, sei bestimmt eine Nanny gewesen? Nur weil sie asiatisch aussah? Warum lässt uns das Video an so vielen Stellen upsen? Und warum ist es in der Rückschau gar nicht mehr so lustig, sondern eher beschämend?

Das Video entstand bereits im März 2017 und wurde zu Beginn der Corona-Krise noch mal fleißig in den Netzwerken geteilt. Weil wir ab dem 13. März plötzlich alle wie Robert Kelly im Homeoffice saßen – mit Kindern, die ohne zu klopfen zu uns ins Zimmer hüpften, um irgendetwas zu stibitzen oder einfach nur in unserer Nähe zu sein. Irgendwann erkannten wir, dass es peinlich ist, wenn einem die Familie peinlich ist. Und wir uns mit wildem Gestikulieren, jetzt nicht, raus mit dir, nur zum Affen machen. Mittlerweile nehmen CEOs ihre Kinder in Videokonferenzen auf den Schoß und machen Fotos davon, die sie bei LinkedIn veröffentlichen: Awwww!

Versuchten wir früher, Privates und Berufliches, Funktionales und Emotionales strikt zu trennen, wächst durch Corona irgendwie alles zusammen. Als sei es das Normalste auf der Welt, essen und trinken wir während unserer Zoom-Meetings und tragen den gleichen ausgewaschenen Lieblingspulli gerne mal zwei, drei Tage hintereinander. Auch Geschäftsführer*innen sitzen nicht in Anzug und Kostümchen vor der Kamera, und so manches Mal lassen wir verdutzt unsere Blicke über die Wände und Regale im Hintergrund der zu Heimbüros umfunktionierten Videokonferenzräume schweifen: Die Chefin präsentiert sich vor den Plattencovern sämtlicher Jazz-Größen, die bei ihr in der Küche an den Wänden hängen, wo sie zwischendurch rasch mal über die Schränke putzt, weil die Sonne gerade so ungünstig steht. Hinter dem IT-Leiter lugt ein Hamsterkäfig hervor, und mit dem Buchhalter tauchen wir kurz mal weg in die Welt gewagter Wandfarben. Plötzlich sind die Kolleg*innen nicht mehr nur Kolleg*innen, sondern Musikexpertin, Hamsterväter und Farbprofis. Irgendwie mögen wir diese Nähe. Wir finden sie bereichernd, interessant und witzig, und es entspannt uns, zu sehen, dass alle die gleichen Alltagssorgen und -nöte haben. Auch eine Geschäftsführerin hat Schlieren an Küchenschränken, auch ein IT-Leiter mistet Kleintiergehege aus.

Aber was war da eigentlich vorher mit uns los? Warum war das vor Corona alles immer so ein Krampf? Die ganze Sache mit dem Homeoffice? Wie schwer taten sich viele Unternehmen, ihren Mitarbeitern diese Möglichkeit zu geben? Was für ein Gerangel und Gehampel! Warum? Die Antwort liegt in gewohnten Denkmustern begründet, im Falle der bislang vorherrschenden

Homeoffice-Panik ist es für die US-amerikanische Autorin Brigid Schulte die »Ideal Worker Norm«.[28] Dieses Denkmodell geht davon aus, dass der perfekte Angestellte frühmorgens ins Büro kommt und spätabends geht. Er hat keine Familie, keine pflegebedürftigen Eltern, keine Kinder, die er ins Bett bringen möchte, keine Krankheit, überhaupt am besten kein Privatleben! Soziale Tätigkeiten, überhaupt sozialer Krimskrams hindern den erfolgreichen, leistungsorientierten Büromenschen in seinem Tun. Er checkt rund um die Uhr seine E-Mails und WhatsApp-Nachrichten, und die permanente Präsenz im Büro zeugt von größter Aufopferungs- und Leistungsbereitschaft.

Was jetzt, nach über einem ziemlich erfolgreichen Jahr im kollektivem Corona-Homeoffice-Modus, reichlich absurd klingt, war bis dahin jahrzehntelang die gewohnte Denke in Unternehmen. Wie übrigens auch, dass Mitarbeiter*innen feste Arbeitsplätze brauchen und Geschäftsführer*innen in der obersten Etage sitzen müssen, um anerkannt zu sein … Aber was sind das überhaupt, diese Denkmuster? Und warum gibt es sie eigentlich?

> **»Glaubenssätze sind die Brille,**
> **durch die wir die Wirklichkeit sehen.«**
> Stefanie Stahl, Psychologin

Denkmuster nennt man auch mentale Modelle, kognitive Verzerrungen (auf Englisch: cognitive bias), Wahrnehmungsurteile, Glaubenssätze, Narrative oder Heuristiken, was wiederum so viel bedeutet, dass man mit begrenztem Wissen Entscheidungen trifft. Keine Sorge, diese gedanklichen Shortcuts sind überhaupt nicht schlimm! Im Gegenteil, unser Gehirn würde vermutlich explodieren, wenn wir dazu nicht in der Lage wären: Von den über zehn Millionen Eindrücken, die unser Gehirn täglich verarbeiten muss, nehmen wir nur etwa 40 Informationen tatsächlich bewusst wahr. Und ebenso verhält es sich mit unseren

28 https://www.nytimes.com/2020/04/06/opinion/Coronavirus-remote-work.html

134

Urteilen. Als Menschen sind wir gezwungen, die Welt zu sortieren, Situationen rasch zu bewerten und zu entscheiden, sonst hätten Mammuts und Säbelzahntiger unsere Vorfahren vermutlich ausgerottet. Nur: Wir leben nicht mehr in der Steinzeit, und auch Denkmuster aus der traditionellen Wirtschaftswelt haben sich längst überholt. Sie passen nicht mehr zu uns und in unsere Zeit.

Um dir einen Eindruck zu vermitteln, wie vielen verschiedenen Denkmustern, Modellen, Verzerrungen und Narrativen wir doch aufsitzen, möchten wir mit dir auf eine kurze Denkmuster-Safari gehen – das machen Unternehmensberater auch, heißt dann Cultural Assessment. Wir sind sicher, du wirst dabei den ein oder anderen Aha-Moment erleben: Wie haben wir vor Corona getickt, jahre- und jahrzehntelang, und was ist uns durch Corona klarer geworden?

> *» Auf Prinzipien kann man ausrutschen*
> *wie auf einer Bananenschale.«*
> Nelson Mandela, Politiker

Status Quo Bias: Führungskräfte möchte ihren Status, auf den sie lange hingearbeitet haben, mit allen Mitteln wahren – und zu diesem Status gehört neben Auto und Assistenz ganz oft auch ein großes Büro mit vielen Mitarbeiter*innen. Ähnliches bewirkt die **Conservatism Bias:** Menschen, die dieses Denkmuster verinnerlicht haben, tendieren dazu, Bestehendes eher zu konservieren, als Neues anzugehen – auch aus Angst, alte Pfründe zu verlieren. Und die **Loss Aversion Bias (Verlustangst)**, die ihren Sinn und Zweck bereits im Namen trägt. Alle drei Verzerrungen hatten vor Corona einen erheblichen Einfluss auf die Art und

Weise, wie und von wo aus wir arbeiten. Und sie werden vermutlich auch nach Corona mitbestimmen, wohin die Reise gehen wird.

Face Time Bias: Sind Firmen wirklich erfolgreicher, deren Mitarbeiter*innen die ganze Zeit brav am Schreibtisch im Büro sitzen? Weil Führungskräfte ihre Herde dann besser kontrollieren können und jedes einzelne Schäfchen dann natürlich auch produktiver ist? Haben wir gedacht. Aber nö, ist nicht so. Das merkten nach ein paar Monaten auch viele Unternehmen und handelten: Twitter erlaubt Homeoffice für immer. Siemens macht Homeoffice zum Standard, und auch die Allianz Versicherung macht Homeoffice zur Dauerlösung.

Self-Serving Bias: Darunter versteht man die selbstwertdienliche Verzerrung. Dachten viele Manager*innen vor Corona, ohne ihre speziellen Superfähigkeiten würde ja mal gar nix laufen im Unternehmen, schon gar nix Erfolgreiches, so stellen wir nun fest: Es läuft sogar ziemlich viel und vieles sogar besser. Mitarbeiter*innen sind – man glaubt es kaum – sogar selbst in der Lage, Dinge mit anderen zu entwickeln und (Achtung! Festhalten und anschnallen!) erfolgreiche Entscheidungen zu treffen!

Motherhood Penalty: Mütter am Arbeitsplatz werden im Vergleich zu Männern als weniger kompetent und im Vergleich zu kinderlosen Frauen als weniger leistungsfähig wahrgenommen. Daraus ergeben sich systematisch etliche Nachteile. Im Deutschen gibt es zwar keinen Begriff für dieses Denkmuster, aber diese Art von kognitiven Verzerrungen ist vielen von uns bekannt. Corona hat hoffentlich gründlich auch mit diesem Vorurteil aufgeräumt. Schließlich mussten auch die CEOs im Homeoffice ran an die häusliche Care-Arbeit. Müll rausbringen, Kochen, Windeln wechseln und dann Quartalsziele festlegen – ja, das geht, gut

136

sogar! Hören wir also mit dem Bullshit auf, Mütter als Menschen zweiter Klasse anzusehen.

Beauty is Beastly Bias: Galt fürs Büro oft noch: Wir machen uns hübsch, gelen unsere Haare, schminken Lippen und Augen und ziehen uns adrett an, fallen im Homeoffice die Hüllen, ups, na ja, zumindest die Maske! Wie oft sitzen wir frühmorgens halb verpennt, mit strubbeligen Haaren und ungeschminkt vor dem PC. Und? Kratzt das jemanden? Nö! Eigentlich sogar ganz witzig. Und zack: Damit hätten wir das nächste Denkmodell entzaubert, nämlich den ziemlich diskriminierenden Beauty is Beastly Bias. Dieser besagt, dass von der Attraktivität einer Person oft auf ihre Persönlichkeitsmerkmale geschlossen wird. Wie bekannt, werden attraktive Personen bei Bewerbungen bevorzugt und bekommen die besseren Noten. Im Täglich-grüßt-das-Murmeltier-Corona-Homeoffice sind alle irgendwie ganz schön rausgewuschelt worden aus diesen alten Büroklischees und irgendwie alle ganz schön gleich verstrubbelt.

Jedenfalls haben wir in der Corona-Zeit festgestellt, dass es für den Inhalt und die Qualität der Arbeit ziemlich egal ist, in was wir uns hüllen oder wie wir gerade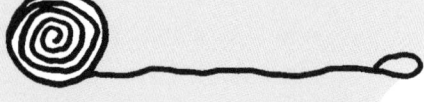
aussehen. Wichtiger ist, was wir im Kopf haben! Sollte jemand also in Zukunft einen Anzug oder ein Ballkleid im Büro oder Homeoffice tragen wollen, weil er oder sie das chic und schön findet: Please, feel free!

Alte Narrative: Machen selbst vor dem Thema Büroeinrichtung nicht halt. Öde und gesichtslose Zweierbüros, funktional in Weiß, Grau, Schwarz gehalten – damit sich Mitarbeiter*innen schön konzentrieren können. Keine Ablenkung nirgends. Wollen wir nach Corona wirklich wieder dahin zurück? Uns in diese ganzen Kästchen pferchen lassen? Funktional. Genormt. Standardisiert. Unsere Buddies: Jöh! Unsere Büros: Nö! Denn zu Hause fühlte es sich doch irgendwie ganz frei, unkontrolliert, kuschelig und gemütlich an, mit Blick in den Garten, Pantoffeln an den Füßen und Sonne im Gesicht. Warum können unsere Arbeitsplätze nicht so aussehen?

Ute: »Solche Muster finden sich vor allem in unserer Alltagssprache. Kommt ein Wort in einem Unternehmen besonders häufig vor, sollte man erst mal checken, in welchem Kontext es gebraucht wird. Dabei stellt sich oft heraus, dass eigentlich positiv klingende Wörter wie Tagesgeschäft zu Innovationsausbremsern werden können. Diese Phänomene finde ich persönlich spannend.«
Martina: »Aus schauspielerischer Sicht wäre dann der Subtext von Tagesgeschäft so etwas wie ›Ist doch prima, wie es ist!‹ – und damit eine Abfuhr.«

Klar, auf so einer Safari wird einem vieles klar. Doch zurück im Alltag stellt sich die Frage, wie es nun weitergeht? Wie können wir verhindern, dass wir nach Corona nicht doch wieder in unsere alten Denkmodelle verfallen? Sie haben einen solch immensen Einfluss auf unser Leben. Wie wir arbeiten, fühlen, über andere Menschen urteilen, mit ihnen interagieren und uns selbst präsentieren – von der Sprache über die Körperhaltung bis hin zu Outfit und Make-up. Auch weil hinter manchen Denkmustern oft ein Bedürfnis steht: der Wunsch nach Anerkennung, Erfolg, Status. Das Blöde: Denkmodelle treffen wir überall an. Das

Schöne: Denkmodelle treffen wir überall an – und das macht sie zu einem so
wirkungsmächtigen Hebel in Verän-
derungsprozessen. Ups! Welcher Ver-
zerrung gehe ich denn jetzt schon wieder auf den Leim? Aha!
Kenn ich. Ja! Geht auch anders. Denn Denkmodelle sind nichts
Statisches, nicht auf immer und ewig festgeschrieben, einmal
erkannt, können wir sie bewegen und uns gleich mit.

> » *Ich traue mich, alles auszuprobieren.* «
> *Joanne K. Rowling, Schriftstellerin*

Insofern: Lass uns üben. Wenn beispielsweise Kolleg*innen über
Frauen mit Kindern lästern, weil die ja bekanntlich nicht so
viel Leistung bringen. Wenn Chef*innen erklären, dass ein
Homeoffice-Platz wirklich nicht genehmigt werden kann,
weil Arbeit nun mal im Büro erledigt werden muss. Wenn
Freund*innen behaupten, zum Vorstellungsgespräch sollte
Frau in Rock und Bluse erscheinen, um ihre Chancen zu erhö-
hen. Oder wenn bei der nächsten Videokonferenz mal wieder
die eigenen Kinder ins Zimmer stolpern … Will ich weiterhin das
alte funktionale Zerrbild bedienen: Erfolgreiche Mitarbeiter*innen haben ihr Privatleben outgesourct und stehen zu
110 Prozent für ihren Arbeitgeber parat? Oder gehe
ich einen Schritt weiter und gebe der Arbeitswelt
einfach mal etwas Menschliches? Indem ich mir
meine Kids auf den Schoß setze. Ja! Selbstbewusst, souverän, natürlich – weil sie genau
da hingehören, zu mir und meinem Leben.

PS: Es gibt übrigens ein schöne Replik auf das BBC-Video:
www.youtube.com/watch?v=-Ojvk-4IcOE

139

LEGE DIR EIN SET AN MENTALEN MODELLEN ZU

Gabriel Weinberg, Gründer der Suchmaschine Duck Duck Go, hat eine Menge dieser kognitiven Verzerrungen einfach auswendig gelernt, um die Denkmuster anderer Menschen und die dahinter liegenden Bedürfnisse schneller zu entschlüsseln. Es gibt Tausende dieser mentalen Modelle, doch laut Weinberg reicht ein Set von 80 bis 90, die dich zu einer weltklugen Person machen. Du findest seine Top 80 in seinem Buch *Superthinking*.[29] Eine auf Deutsch übersetzte Liste mit kognitiven Verzerrungen gibt es auf Wikipedia.[30]

SCHNELLES DENKEN, LANGSAMES DENKEN

Der Psychologe und Nobelpreisträger Daniel Kahneman teilt unser Denken in zwei Systeme ein.

System 1 arbeitet automatisch, schnell, ohne willentliche Steuerung, mühelos und ziemlich fehleranfällig.

System 2 hingegen langsam, reflektiert, rational und ziemlich angestrengt.

Zu wissen, in welchem Denkmodus man sich gerade befindet, hilft dabei, bessere Entscheidungen zu treffen und seinem Urteilsvermögen vielleicht ja auch mal nicht zu vertrauen. Zu einer der größten Verzerrungen zählt laut Kahneman sowieso die Neigung, das eigene Wissen überzubewerten.

29 Gabriel Weinberg / Lauren McCann: Superthinking. The Big Book of Mental Models. Penguin Publishing, New York 2019

30 https://de.wikipedia.org/wiki/Kognitive_Verzerrung#/media/Datei:Cognitive_bias_codex_en.svg

GEFÜHLE SIND AUCH NUR DATEN

Lerne, sie zu nutzen und damit zu arbeiten

> *» Emotionale Agilität ist die Fähigkeit, die eigenen Gefühle mit Neugier, Mitgefühl und Mut zu betrachten, um dann werteorientiert zu handeln. «*
>
> Susan David, Psychologin

Männer können nicht zuhören und Frauen schlecht einparken. Gähn. Das fand man irgendwann mal richtig lustig – so in den 90ern. Die ganze Comedyszene spielt mit diesen Mann-Frau-Klischees, aber die Wirklichkeit verhält sich doch inzwischen anders. Männer klagen emotional über Krankheiten und Intoleranzen, tragen kleine Zöpfchen, zeigen ihre Schwächen, ihre Weichheit und hören aufmerksam zu. Sie sind geduldige liebevolle Väter, lassen ihre Frauen einparken und sogar am Grill stehen! Trotzdem glauben immer noch viele: Frauen und Männer, wir sind nun einmal ganz verschieden. Männer stark, Frauen schwach. Ich Tarzan, du Jane. Ugga-Ugga, der Steinzeitmensch lässt grüßen. Wie oft mussten wir Kolleginnen trösten, die tränenüberströmt ins Büro kamen, weil sie von einem Vorgesetzten runtergeputzt wurden. Aber liegt das an uns Frauen? Nee. Auch Männer bekommen im Job eine drüber, nicht zu knapp. Ups! Nur sie gehen damit anders um. Stecken es sportlich weg und machen weiter. Beides irgendwie blöd. Gefühle zu sehr zuzulassen und in passive Ohnmacht zu verfallen, blöd. Gefühle zu verdrängen bis zu Burn-out oder schlimmeren Krankheiten, auch blöd.

> *»Die meisten Menschen sind so in der Außenwelt versunken, dass sie für das, was in ihnen selbst abläuft, völlig blind sind.«*
> Nikola Tesla, Erfinder

Wie aber rauskommen aus diesen stereotypen Gefühlsfallen? Ganz einfach: Indem wir unsere Gefühle zulassen, aktiv nutzen und unsere Gefühlskompetenz verfeinern! Aha! Denn Gefühle sind letztlich auch nur Daten, und zwar mit die tollsten, wertvollsten und aussagekräftigsten, die wir Menschen erheben können. Nicht nur in den Momenten, in denen es uns gut geht, wir verweilen möchten, in Resonanz sind mit uns und der Welt (Hartmut Rosa). Sondern auch in Momenten, in denen irgendwer oder irgendetwas den roten Knopf in uns drückt. Plötzlich sind wir gestresst, reagieren harsch, flippen aus, ziehen uns beleidigt zurück oder fühlen uns einfach nur traurig. Oft wissen wir gar nicht so richtig, warum. Was passiert da gerade in uns? Was hat uns so getroffen?

Ute: »Hinter jedem Gefühl steckt ein Bedürfnis, und neues Arbeiten ist bedürfniszentriertes Arbeiten! Wenn du diese Zusammenhänge gecheckt hast, bist du für die neue Arbeitswelt bestens vorbereitet.«

Statt das Gefühl zu verdrängen – was ziemlich ungesund ist –, bleiben wir ab jetzt stehen und betrachten es genauso neutral und neugierig wie andere Zahlen und Fakten auch. Aha! und Ja! sind dann nicht mehr weit. Ein Beispiel: Eine Freundin von uns arbeitet bei einer Versicherung. Sie hatte gerade ihre Ausbildung als Scrum Masterin gemacht und hoffte insgeheim darauf, in ihrem neuen Team diese Position zu übernehmen. Doch stattdessen wurde jemand anderes gewählt, der keinerlei Expertise hatte, aber dem Team anscheinend als Coach besser geeignet erschien. Eigentlich keine große Sache, kommt vor. Die Freundin war allerdings am Boden zerstört, getroffen und traurig. Sie konnte sich in der Situation nicht artikulieren, wollte das Team am liebsten sofort verlassen. Warum reagierte sie so dermaßen über? Was war passiert? Wir sprachen mit ihr und versuchten herauszufinden, was sie so dermaßen verletzt hatte. Zum einen war sie sicherlich mit zu großen Erwartungen in das Meeting gegangen, zum anderen fand sie es unfair, nicht gewählt worden zu sein, aber je mehr wir fragten, desto mehr wurde klar: Unsere Freundin fühlte sich einmal mehr nicht anerkannt in ihrem Status, einmal mehr verkannt in ihrem Können. Das war der eigentliche Trigger, der sie so sehr verletzte und sie in der Vergangenheit in ähnlichen Situationen schon öfters in eine Schockstarre hat verfallen lassen. Wir alle tragen diese tief sitzenden Muster in uns, doch solange wir uns ihnen nicht stellen, kommen sie wie ein »Jack in the Box« immer wieder hoch.

Für uns ist das SCARF-Modell von David Rock ein ziemlich hilfreiches Tool, um den Auslösern auf die Spur zu kommen. Warum ist mein roter Knopf ein roter Knopf. Was steckt dahinter?

144

Die Abkürzung SCARF steht für die englischen Begriffe: Status, Certainty, Autonomy, Relatedness, Fairness. Die Methode kommt ursprünglich aus dem Neuroleadership und fußt auf zahlreichen neurobiologischen Untersuchungen, die herausgefunden haben: Fühlen wir uns sicher, wertgeschätzt und anerkannt, so sind wir in der Lage, unser volles Potenzial auszuschöpfen. Werden bestimmte Werte, die uns wichtig sind und uns leiten, verletzt, fühlt sich unser Gehirn bedroht und schaltet in den Notfall- oder Angriffsmodus um. Unsere Laune sinkt, unsere Leistungsfähigkeit gleich mit. Mithilfe von SCARF können wir nicht verhindern, dass Partner*innen, Freund*innen oder Kolleg*innen uns emotional treffen. Doch das Modell verdeutlicht uns, warum es so wehtut und in welchen Feldern unsere Triggerpunkte überhaupt liegen. Insgesamt gibt es fünf davon:

STATUS

Der Status beschreibt deine Stellung zu anderen Personen vor allem im Hinblick auf die Würdigung deiner Leistung und der Anerkennung deiner Kompetenzen.

CERTAINTY (SICHERHEIT)

Das Gefühl von Sicherheit ist für viele Menschen zentral und ein wichtiger Faktor für funktionierende Teams. Viele von uns benötigen einen sicheren, vorhersagbaren und verlässlichen Rahmen. Zu viel Unsicherheit, Chaos und fehlende Verlässlichkeit werden als Bedrohung empfunden.

AUTONOMY (AUTONOMIE)

Viele Menschen genießen es, selbstverantwortlich zu arbeiten, die Freiheit, gestalten zu können. Nimmt man ihnen diese Möglichkeit weg, kontrolliert sie oder zwingt sie in vorgegebene Strukturen, Projekte und Programme, nimmt man ihnen nicht nur die Luft zum Atmen, sie fühlen sich auch abgewertet.

AUTONOMY

CERTAINTY

RELATEDNESS

STATUS

FAIRNESS

1.FC SCARF

RELATEDNESS (VERBUNDENHEIT)

Darunter ist das klassische »Wir-Gefühl« zu verstehen. Dies ist wohl der wichtigste Faktor im SCARF-Modell. Denn die moderne Hirnforschung zeigt, dass der Ausschluss aus einer Gruppe die gleichen neuronalen Netzwerke triggert wie psychischer Schmerz.

FAIRNESS (GERECHTIGKEIT)

In dem Feld Fairness manifestiert sich der zutiefst menschliche Wunsch nach Gerechtigkeit. Im beruflichen Kontext fallen darunter Dinge wie gerechte Behandlung, Transparenz, Mitbestimmung oder die Einbeziehung in Entscheidungsprozesse.

Unsere Erfahrung mit dem Tool ist, dass jede und jeder von uns ein Feld hat, das besonders wichtig ist und dadurch auch besonders triggeranfällig. Bei Ute ist es genauso wie bei der Scrum Masterin der Status, bei Martina die Verbundenheit. Allein das zu wissen, sorgt für Entspannung. Wir schalten nicht sofort auf Angriff oder Rückzug, verfallen nicht in eine ohnmächtige Schockstarre, Wut oder Passivität. Sondern sind besser in der Lage, uns der Situation zu stellen. Zugewandt und offen zu bleiben. Uns so zu zeigen, wie wir gerne gesehen und wertgeschätzt werden möchten. Wer seine Gefühle einordnen kann, bleibt handlungsfähig. Und selbst wenn der Schmerzpunkt ein Schmerzpunkt bleibt – mit jeder Übungseinheit wird er an Dominanz und Bedeutung verlieren.

Ute: »Nach der DIKW-Pyramide entstehen aus Daten Informationen, aus Informationen Wissen und aus Wissen Weisheit. Was letztlich bedeutet: Alles steht und fällt mit der Qualität der Ausgangsdaten …«
Martina: »… und da gehören Gefühle unbedingt mit rein. Für ein wirklich solides Fundament.«

EMPATHIE

Sich Klarheit über seine eigenen Gefühle zu verschaffen, ist nicht nur für einen selbst wichtig. Es ist die Grundlage dafür, sich auch in andere Menschen hineinversetzen zu können. Deren Bedürfnisse wahr- und ernst zu nehmen. Empathie heißt diese Fähigkeit und ist der Kitt, der eine Familie, ein Team, eine Gesellschaft, ja die Welt zusammenhält. Die Grundlage für jede lebendige, zugewandte und wertschätzende Interaktion zwischen Menschen.

Das Tolle: Empathie ist in uns allen Menschen angelegt dank bestimmter Nerven in unserem Hirn, den sogenannten Spiegelneuronen. Diese wurden in den 90er-Jahren erstmals beschrieben und funktionieren wie eine Art Resonanzsystem im Gehirn, das bereits anschlägt, wenn wir Stimmungen und Gefühle bei anderen Menschen nur wahrnehmen. Jemand schneidet sich in den Finger, wir fühlen den Schmerz mit. Jemand trifft nach Jahren seine alte Liebe wieder, wir freuen uns mit ihm mit. Die Spiegelneuronen sind sozusagen unsere »sozialen Gehirnzellen«.

Das nicht so Tolle: Wie bei allen Nerven- und Muskelzellen gilt »use it or lose it«. Wer seine Spiegelneuronen durch negative Gedanken blockiert, stumpft mit der Zeit ab.

 ## WAS GEHÖRT ZU EMPATHIE DAZU?

1. Aktives Zuhören
2. Offenheit
3. Sich Zeit nehmen
4. Beobachten
5. Interesse zeigen
6. Hinterfragen
7. Sein Gegenüber spiegeln
8. Verständnis ausdrücken

 **Ute:** »Wenn neues Arbeiten in erster Linie empathisches Arbeiten ist und es ein Höchstmaß an Einfühlungsvermögen bedarf, dann sind wir Frauen doch wie geschaffen dafür!«

Martina: »... ich kenne auch viele Männer, die sehr empathisch sind, beobachte ich auch auf dem Spielplatz, wie liebevoll, geduldig und verständnisvoll die mit ihren Kindern umgehen ...«

Ute: »... ja stimmt, trotzdem bietet das neue Arbeiten viele Chancen für uns Frauen, bedürfnisorientiertes Arbeiten, Kommunikationsstärke, Hierarchiefreiheit ...«
Martina: »Zweifelsohne. Für viele Männer, die anders denken und arbeiten wollen, aber auch – das wollte ich damit sagen.«

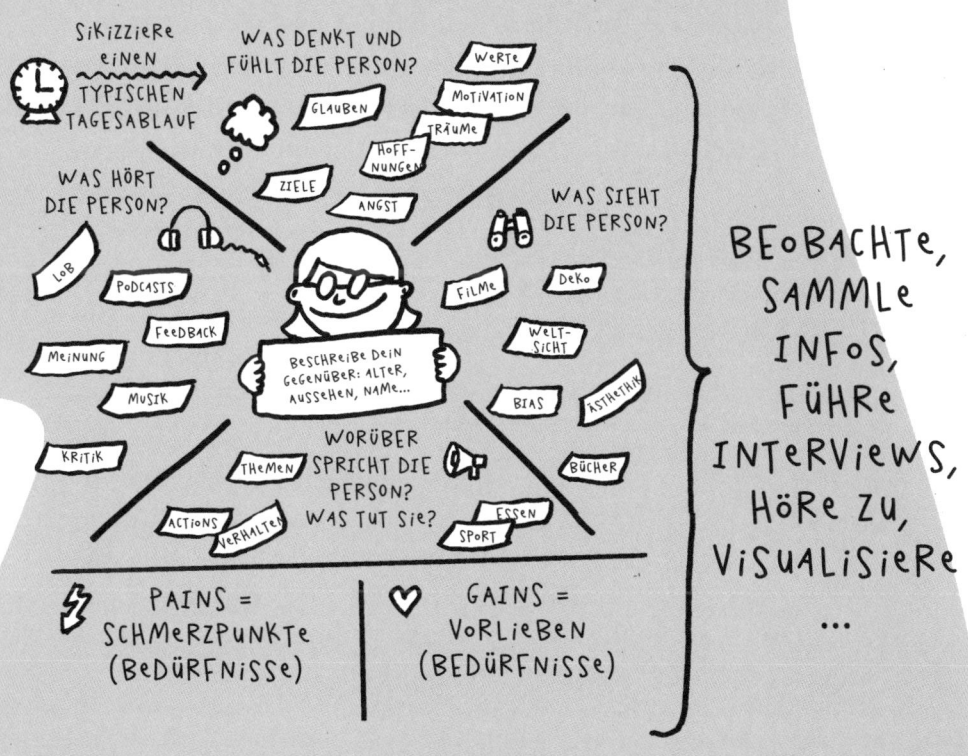

EMPATHY MAPPING
TOOL AUS DEM DESIGN THINKING UND USER EXPERIENCE DESIGN

SKIZZIERE EINEN TYPISCHEN TAGESABLAUF

WAS DENKT UND FÜHLT DIE PERSON?
WERTE
MOTIVATION
GLAUBEN
TRÄUME
HOFF-NUNGEN
ZIELE
ANGST

WAS HÖRT DIE PERSON?
LOB
PODCASTS
FEEDBACK
MEINUNG
MUSIK
KRITIK

WAS SIEHT DIE PERSON?
FILME
DEKO
WELT-SICHT
BIAS
ÄSTHETHIK
BÜCHER

BESCHREIBE DEIN GEGENÜBER: ALTER, AUSSEHEN, NAME...

WORÜBER SPRICHT DIE PERSON? WAS TUT SIE?
THEMEN
ACTIONS
VERHALTEN
ESSEN
SPORT

BEOBACHTE, SAMMLE INFOS, FÜHRE INTERVIEWS, HÖRE ZU, VISUALISIERE ...

PAINS = SCHMERZPUNKTE (BEDÜRFNISSE)

GAINS = VORLIEBEN (BEDÜRFNISSE)

ICH-STUFEN

Oft werden in uns Gefühle getriggert, die wir als Kinder schon empfunden haben – entsprechend ist unsere Reaktion dann oft hilflos und eher kindlich. Das ist okay, und diese Schmerzpunkte tragen wohl viele von uns in sich. Um sich selber besser kennenzulernen, kann ein Blick auf die Ich-Stufen helfen. Stufenmodelle dieser psychosozialen Ich- oder Moralentwicklung gibt es viele, und sie stehen auch in der Kritik, weil es wieder Kästchen sind, in die man Menschen einsortiert. Doch aus unserer Sicht können diese Modelle ganz gut Orientierung bieten. Vor allem das von Jane Loevinger. In Anlehnung an Joan und Erik Erikson hat die US-amerikanische Psychologin die Entwicklung des Menschen in acht Stufen unterteilt – von impulsiv bis integrativ – und war der Auffassung, dass die meisten Erwachsenen auf den Stufen konformistisch (4) bis individualistisch (6) stehen bleiben. Es ist also Luft nach oben. *Spiegel*-Autor Stefan Schultz kommt in seinem lesenswerten Essay »Weg vom Leistungsideal« über die entwicklungspsychologischen Stufen sogar zu dem Schluss, dass die psychosoziale Weiterentwicklung der Menschen der Überwindung der Leistungsgesellschaft dienen kann.[31]

KEINE SORGE,
ES IST NUR SEIN INNERES KIND,
DAS GERADE RUHE BRAUCHT...

31 https://www.spiegel.de/kultur/gesellschaft/zukunftsanalyse-nach-jane-loevinger-weg-vom-leistungsideal-a-1248816.html

MIT NULL FÄUSTEN ZUM HALLELUJA

Über einfühlsame Kommunikation und wertschätzendes Feedback

»Gutes Feedback muss mit einem wohlwollenden Menschenbild verbunden sein. «

Rutta Mekonen, Leadership Coach

Ein Mann will ein Bild aufhängen. Den Nagel hat er, nicht aber den Hammer. Der Nachbar hat einen. Also beschließt unser Mann, hinüberzugehen und ihn auszuborgen. Doch da kommt ihm ein Zweifel: Was, wenn der Nachbar mir den Hammer nicht leihen will? Gestern schon grüßte er mich nur so flüchtig. Vielleicht war er in Eile. Vielleicht hat er die Eile nur vorgeschützt, und er hat was gegen mich. Aber was? Ich habe ihm nichts getan; der bildet sich da etwas ein. Wenn jemand von mir ein Werkzeug borgen wollte, ich gäbe es ihm sofort. Und warum er nicht? Wie kann man einem Mitmenschen einen so einfachen Gefallen abschlagen? Leute wie dieser Kerl vergiften einem das Leben. Und dann bildet er sich noch ein, ich sei auf ihn angewiesen. Bloß weil er einen Hammer hat. Jetzt reicht´s mir wirklich. Und so stürmt er hinüber, läutet, der Nachbar öffnet, doch bevor er »Guten Tag« sagen kann, schreit ihn unser Mann an: »Behalten Sie Ihren Hammer! Sie Rüpel!« Ups!

Du kennst die Passage? Ist aus der *Anleitung zum Unglücklichsein* von Paul Watzlawick. Und beschreibt, wie eine Person in ihrer egozentrischen Selbstumkreisung mit verzerrten mentalen Modellen in eine Art eigene Schweigespirale gerät, die sie immer weiter in die Tiefe zieht. Wie können solche Talfahrten unterbrochen werden? Einfach sprechen! In unserem Beispiel beim Nachbarn klingeln, nach dem Hammer fragen, und wenn irgendetwas wirklich komisch ist, nachfragen. Ins Gespräch kommen. Gilt nicht nur fürs private Umfeld, sondern natürlich auch für unseren Job. Nur maximale Offenheit und Transparenz verhindert, dass sich Emotionen aufschaukeln, Unwahrheiten, Verzerrungen, Unterstellungen die Oberhand gewinnen und das Klima verpesten.

Doch ganz so einfach ist es nicht mit der Kommunikation. Paul Watzlawick schreibt ganz treffend: »Du kannst nicht nicht kommunizieren!« Selbst wenn wir nicht sprechen, interagieren wir mit unserer Umwelt. Die Art, wie wir stehen und gehen, jemandem in die Augen blicken, zuhören, winken, die Hand heben, um zu grüßen – alles ist von Bedeutung! Aha! Doch viele unserer Handlungen sind uns selbst nicht klar, sie laufen unbewusst ab.

Ute: »Sprache, ja selbst die Tonlage, ist eine Information über Gefühle, die in einem Menschen vorgehen. Aber das ist nicht immer so einfach. Wir sind oft ziemlich unbewusst und unwissend in dem, was wir sagen, wie wir es sagen – und was wir glauben, das unser Gegenüber versteht und interpretiert.«

Martina: »Das merkt man erst, wenn man mal sehr bewusst darauf achtet, wie andere Menschen sprechen und mit einem interagieren. Wie sie Sätze bauen, welche Wörter sie häufig nutzen, wie sie auf einen eingehen – das ist echt spannend.«

Floyd L. Ruch und Philip G. Zimbardo entwickelten basierend auf den Erkenntnissen von Sigmund Freud das Bild eines Eisberges, um zu verdeutlichen, dass es bei der menschlichen Kommunikation eine sichtbare und eine unsichtbare Ebene gibt: Was wird tatsächlich und bewusst gesagt (Aussagen zu Zahlen, Daten, Fakten, Gedanken, Gefühlen und Wünschen) und was wird unausgesprochen, vor- beziehungsweise unbewusst transportiert (Ängste, verdrängte Konflikte, traumatische Erlebnisse …). Die Spitze des Eisberges steht bei Freud für die Kommunikation, die tatsächlich verbal stattfindet. Der weitaus größere Teil, die Basis eines Eisberges verborgen im Wasser, läuft nonverbal wie auf einer zweiten Tonspur mit.

> *»Körpersprache ist ein sehr mächtiges Werkzeug. Wir hatten Körpersprache, bevor wir gesprochen haben, und anscheinend werden 80 Prozent von dem, was Sie in einer Konversation verstehen, durch den Körper gelesen, nicht durch die Worte.«*
> Deborah Stier, Autorin

Ein anderes Modell, das wir ebenfalls sehr gut finden, ist das Johari-Fenster – ein Kommunikationsmodell, das die Unterschiede zwischen Selbst- und Fremdwahrnehmung grafisch darstellt. Es wurde 1955 von den US-amerikanischen Sozialpsychologen Joseph Luft und Harry Ingham entwickelt. Ziel ist es, den öffent-

JOHARI-FENSTER

MIR BEKANNT

MIR UNBEKANNT

BEREICH DER FREIEN AKTIVITÄT, ÖFFENTLICHER SACHVERHALTE UND TATSACHEN.

ÖFFENTLICHE PERSON

BLINDER FLECK

ANDEREN BEKANNT

ANDERE TEILEN MIR MIT

BEREICH, DEN MAN SELBST WENIG, DIE ANDEREN ABER SEHR DEUTLICH WAHRNEHMEN.

ANDEREN UNBEKANNT

ICH GEBE PREIS

MEIN GEHEIMNIS

UNBEKANNTES IN MIR

BEREICH, IN DEM DAS ICH GEHEIMNISSE VOR ANDEREN BEWUSST VERBIRGT.

BEREICH DES UNBEKANNTEN ODER UNBEWUSSTEN – IST WEDER EINEM SELBST NOCH ANDEREN UNMITTELBAR ZUGÄNGLCIH. VERBORGENE TALENTE UND BEGABUNGEN KÖNNEN IN IHM SCHLUMMERN.

lichen Bereich zu vergrößern, indem ich Geheimnisse offenbare (zum Beispiel: Ich stehe ungern im Mittelpunkt) und mein Umfeld mir Verhaltensweisen mitteilt, die mir selbst gar nicht auffallen (Wenn du gestresst bist, lachst du so komisch, wir denken dann, dass du dich über uns lustig machst). Das Ergebnis: Der Bereich, der sowohl mir als auch anderen bekannt ist, wird größer. Vorbehalte, Missverständnisse, Unterstellungen nehmen ab. Vertrauen, Offenheit, Zugewandtheit wachsen – die Basis für eine gute Kommunikation.

Eisberg und Johari-Fenster verdeutlichen auch, dass wir mit flapsigen Kommentaren ganz schnell in unbewusste Bereiche vordringen und dadurch unser Gegenüber zutiefst verletzen können. Es lohnt sich also, unsere Kommunikation zu überprüfen und sie zu kultivieren. Warum ist das gerade für unsere Arbeitswelt so wichtig? Weil die tristen Schuhkartonbüros, in denen wir jahrelang alleine oder zu zweit saßen, wohl bald der Vergangenheit angehören werden. Co-Working-Teams sind einfach dynamischer und schlagkräftiger. Eine gute Kommunikation führt zu guten Produkten, bessere zu noch besseren Produkten! In den Teams wird wirklich, wirklich viel miteinander gesprochen! Um auch hier einen Flow herzustellen, ist es wichtig, dass die Teammitglieder immer wertschätzend und positiv miteinander umgehen – auch in kritischen Situationen oder bei divergierenden Meinungen.

> **» Mehr ins Gespräch zu gehen und einander zu verstehen, ist die perfekte Voraussetzung für einen Eye Opening Moment. «**
> Masha Sedgwick, Influencerin

Es geht nicht darum, der perfekte Kommunikator zu werden. Vermutlich schafft das kein Mensch. Selbst Marshall Rosenberg soll

32 Marshall B. Rosenberg: Gewaltfreie Kommunikation. Paderborn 2016, S. 145

sich manches Mal schwergetan haben, die Regeln seiner eigenen Methode zu befolgen.[32] Aha! Doch solange wir leben, wird Kommunikation unser Miteinander entscheidend prägen. Und wenn wir uns der Art und Weise, wie wir mit unseren Mitmenschen sprechen, verbal und nonverbal, bewusster werden, können wir unseren Alltag dadurch wesentlich schöner und mitmenschlicher gestalten. Ja! Die Meisterschaft endet nie, und jeder noch so kleine Schritt ist lohnenswert. Wir mögen ja das Prinzip vom Kleinen ins Große. Suche dir einen ersten kleinen Veränderungsschritt aus und fange an, einfach nur für dich. Was verändert sich?

KOMMUNIKATIONSREGELN

In Co-Working-Spaces oder Start-up-Labs hängen gern mal Listen mit Kommunikationsregeln. Wir halten das für eine ziemlich gute Sache, denn es signalisiert: Wir wissen, dass Kommunikation eine ziemlich heikle Angelegenheit ist, und bemühen uns, darin besser zu werden. Falls du auch so eine Liste bei dir zu Hause, im Team, in der Abteilung aufhängen möchtest, hier ein paar essenzielle Punkte:

MEINE FRESSE, KÖNNTET IHR VOLLPFOST*INNEN EUCH JETZT ENDLICH MAL AN UNSERE NEUEN KOMMUNIKATIONSREGELN HALTEN?

- Wir sind ehrlich.
- Jeder hat das Recht auf seinen eigenen Standpunkt.
- Wir hören empathisch und aktiv zu und reden nicht dazwischen.

157

- Wir bauen auf dem Gesagten des Vorredners/der Vorrednerin auf.
- Wir stellen immer nur eine Frage auf einmal.
- Wir spiegeln uns das Gehörte, damit wir sicher sind, dass wir einander wirklich zuhören.
- Wir orientieren uns an der Gegenwart und Zukunft.
- Wir denken positiv, kreativ und lösungsorientiert.
- Wir vermeiden Verallgemeinerungen.
- Wir reden nicht über Dritte in deren Abwesenheit.
- Wir verlieren nie unseren Humor.
- Wir bedanken uns für Feedback.

Martina: »Wenn in meinen Workshops jemand ständig das Verhalten anderer kommentiert, blöd dastehen lässt, verweise ich gerne auf die Neurobiologie. Soziales Schneiden wird im Gehirn genauso verarbeitet wie ein Schnitt in die Haut. Eine verbale Demütigung wie ein tatsächlicher Fausthieb. Ich unterbinde das sofort.«
Ute: »Ja! Kommentieren beginnt schon mit Augenrollen. Oder demonstrativem Ausatmen, verschwörerischen Blicken.«

GEFÜHLSWORTSCHATZ

Gefühle zu äußern ist ein wichtiger Teil in unserer Kommunikation und in einer quirligen Feedbackkultur. Das ist allerdings gar nicht so einfach, weil wir das schlichtweg nicht gelernt haben. Oft können Gefühlsäußerungen unbewusst Vorwürfe beinhalten oder Urteile sein. Wie zum Beispiel die Aussage: »Ich habe das Gefühl, dass ich dir nicht wichtig bin.« Was zunächst wie eine Gefühlsäußerung klingt, ist aber eine Meinung und ein Urteil darüber, was eine andere Person denken beziehungsweise fühlen könnte. Vorsicht also vor Sätzen, die das Wörtchen »dass« beinhalten. Auch Sätze wie »Ich habe das Gefühl, du liebst mich nicht« drücken eher eine Wertung aus als ein Gefühl.

Ein Gefühl äußern wir besser, indem wir beispielsweise sagen: »Ich fühle mich gerührt, glücklich, gut gelaunt, heiter, ängstlich, frustriert, genervt …« Die Psychologin Susan Davids empfiehlt sogar, sich von den Gefühlen zu entkoppeln: »We own our emotions, they don't own us!« Insofern sollte man nicht sagen: »Ich bin traurig«, »Ich bin ängstlich« oder »Ich bin ärgerlich«, sondern: »Ich beobachte, dass ich mich traurig fühle«, »Ich stelle fest, dass ich wütend bin«, »Ich sehe, dass es mich ärgert.« Kommunikationsexperte Marshall B. Rosenberg rät zum bewussten Aufbau eines Gefühlswortschatzes. Du findest Listen mit Gefühlswörtern im Internet. Einfach »Gefühle« und »Liste« in die Suchmaschine eingeben. Hier zumindest ein kleiner Auszug, welche Wörter sind für dich stimmig?

POSITIVE GEFÜHLSWÖRTER:
ruhig, respektvoll, sanft, satt, schwungvoll, selbstsicher, selig, sensibel, sicher, überschäumend, überschwänglich, überwältigt, unbekümmert, unbeschwert, unerschütterlich, ungezwungen, wach, frei, angeregt, aufgedreht, dankbar, ausgelassen …

NEGATIVE GEFÜHLSWÖRTER:
sauer, scheu, traurig, beängstigt, depressiv, deprimiert, distanziert, dumpf, durcheinander, eifersüchtig, einsam, ekelerfüllt, empfindlich, empört, energielos, entmutigt …

NEUTRALE GEFÜHLSWÖRTER:
chaotisch, irritiert, perplex, unentschlossen, zögernd, zweifelnd …

EXKURS
Richtig Feedback geben nach Marshall B. Rosenberg

ROSWITHA, ICH WEISS, DASS DU EIN SEMINAR IN GEWALTFREIER KOMMUNIKATION BESUCHT HAST, ABER KÖNNTEST DU MIR EINFACH FEEDBACK ZU MEINEM VERTRIEBSPROTOKOLL GEBEN?

Marshall B. Rosenberg wurde aufgrund seiner jüdischen Wurzeln oft ausgegrenzt und konnte als Heranwachsender viele Konflikte unter Minderheiten erleben. Weil ihn das sehr prägte, entwickelte er das Konzept der Gewaltfreien Kommunikation (GFK; englisch Nonviolent Communication). Es beruht auf der Annahme, dass die meisten zwischenmenschlichen Konflikte ihre Ursache darin haben, dass wir in alltäglichen und beruflichen Dialogen unsere Bedürfnisse falsch kommunizieren. Was uns hindert, wertschätzend zu kommunizieren, sind vorschnelle Urteile und Interpretationen. Es lohnt sich also, genau hinzuspüren und unsere Bedürfnisse mit klaren Worten zu benennen.

ROSENBERGS VIER STUFEN FÜR FEEDBACK:

1. Beobachtung: Nehme wahr, was dich emotional trifft, und beschreibe die Situation so gut es geht neutral. Beispiel: »Die letzten beiden Male hast du mich nicht zurückgerufen, als wir einen Rückruf vereinbart hatten.« Sei so konkret wie möglich (die letzten beiden Male) und vermeide Verallgemeinerungen wie immer oder nie (Nie rufst du zurück).

2. Gefühl: Spüre hinein, was die Handlung in dir auslöst, und beschreibe auch die entstehende Emotion so präzise wie möglich. Beispiel: »Das verärgert mich.« Nach unserer Logik: Ups!

3. Bedürfnis: Die Betrachtung des Gefühls lässt dich erkennen, wie du dir den Umgang wünscht, welches Bedürfnis sich dahinter verbirgt. Aha! Beispiel: »Ich habe mir für unser Gespräch Zeit genommen und wünsche mir, dass du achtsamer und wertschätzender der Zeit gegenüber bist, die ich mir für dich frei halte.«

4. Bitten: Mit so einem klaren Bedürfnis vor Augen kannst du auch eine Lösung in Form einer Bitte formulieren, die sich konkret und einfach in eine Handlung umsetzen lässt. Ja! Beispiel: »Wenn wir wieder ein Telefonat vereinbaren, kannst du dir dafür beim nächsten Mal bitte verbindlich Zeit nehmen?«

 **Martina: »Meine erste Schauspiellehrerin sagte immer: Feedback ist Liebe.«
Ute: »... ja, weil gutes Feedback einem die Möglichkeit gibt, zu wachsen.«**

Grundsätzlich gilt für Feedback: Positives Feedback kannst du immer sofort und situativ geben. Ansonsten: Bitte gut vorbereiten und einen vertrauensvollen Raum schaffen. Erst Fragen, ob Feedback überhaupt erwünscht ist. Aussagen und Empfindungen möglichst neutral schildern. Ich-Botschaften verwenden. Wenn du derjenige bist, der Feedback bekommt: Bedanke dich dafür.

»Was andere sagen oder tun, kann ein Auslöser für unsere Gefühle sein, ist aber nie ihre Ursache. Wenn sich jemand negativ äußert, haben wir vier Möglichkeiten, diese Aussage aufzunehmen: 1) uns selbst die Schuld zu geben, 2) anderen die Schuld zu geben, 3) unsere eigenen Gefühle und Bedürfnisse wahrzunehmen, 4) die Gefühle und Bedürfnisse wahrzunehmen, die in der Negativaussage des anderen verborgen sind.«
Marshall B. Rosenberg, Psychologe

HÄNG DEIN EGO AN DEN HAKEN

Zwischen Reiz und Reaktion liegen jede Menge Möglichkeiten, lass los und lerne neu

» *Die Freiheit hat man nicht – wie irgendetwas, das man auch verlieren kann –, sondern die Freiheit bin ich.* «

Viktor E. Frankl, Neurologe

Ein bisschen gemein ist das schon, Kindern dabei zuzusehen, wie sie knapp 15 Minuten vor einem Marshmallow sitzen und dieses nicht essen dürfen! Sie werden beschnuppert, berührt, angeleckt. Nicht bei allen, aber doch bei vielen zeichnet sich mit jeder Minute die Verzweiflung auf dem Gesicht stärker ab. Wer durchhält, wird belohnt – mit einem zweiten Marshmallow, das ihnen zu anfangs versprochen wird.

Das Konzept nennt sich Impulskontrolle beziehungsweise Belohnungsaufschub. Und Studien, die sich um den Stanford-Marshmallow-Test aus dem Jahr 1972 drehen, kommen zu dem Schluss, dass Kinder im späteren Leben in vielfacher Hinsicht bewusster, motivierter, zufriedener und erfolgreicher sind, wenn sie abwarten können. Oder wie Martina sagt:

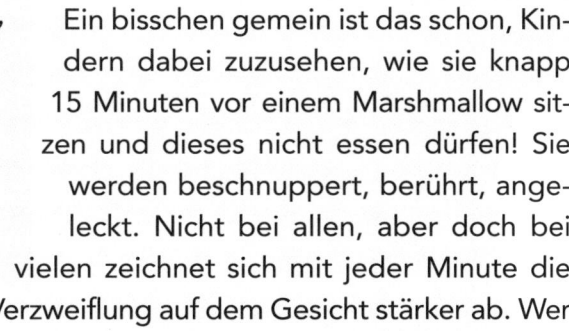

in der Lage sind, im Bogen zu denken, von jetzt auf später. Ups!
Der zuckrige Schaum als Sinnbild für die Kontrolle
von Reiz und Reaktanz und damit für einen wichtigen Aspekt von Selbstführung und Führung.
Nicht nur Kindern, auch Erwachsenen fällt es
schwer, sich in Geduld zu üben. Erliegen dem Impuls, sofort reagieren zu müssen.

Aufzuzeigen, Stellung zu beziehen, ihren Senf dazuzuge-
ben. Warum eigentlich? Was ist so schwer
daran, abzuwarten? Warum können wir als
Mensch andere Menschen nicht einfach mal
sein lassen? Warum müssen wir ständig kommentieren, werten und bewerten? Auch wenn
nach unserer Meinung gar nicht gefragt ist.

> *» Es gibt nichts Besseres, als sich mit*
> *Menschen zu umgeben, die einen*
> *tatsächlich mögen, so wie man ist.*
> *Menschen, die nicht versuchen,*
> *einen zu verbessern, zu verändern,*
> *zu manipulieren, zu retten usw. «*
> Robert Fritz, Multitalent

Thomas Bauer schreibt in seinem Buch *Die Vereindeutigung der
Welt*[33], dass der moderne Mensch unter einem allgemeinen Er-
klärungs- und Verstehenswahn leide: Alles muss
erklärt, alles muss verstanden werden. Jeder müsse immer sofort
eine Meinung haben, einen Rat-
schlag, als sei das eine *Conditio-
sine-qua-non*-Formel des modernen Menschen. Das führt unwei-

33 Thomas Bauer: *Die Vereindeutigung der Welt. Über den Verlust an Mehrdeutigkeit und Vielfalt.* Reclam, Ditzingen 2018

gerlich zu einer Welt ohne Geheimnisse, Unerklärbares, Überkomplexes und Übersinnliches, ohne geistige Anstrengung und komplexes Denken. Wie trivial. Wie langweilig. Und wie gefähr-

lich. Denn wenn die ganze Welt erklärbar ist, nun, dann können andere, als überlegen angesehene »Wahrheitsinstanzen« wie Computer oder Roboter uns Menschen ja bald ersetzen. Noch ist das nur ein Träumchen in der Welt von Trans- und Posthumanist*innen ...

Aus biologischer Sicht liegt die Ursache für dieses seltsam aktionistische Reiz-Reaktanz-Verhalten in einem fast archaischen Denkmuster, dem agonalen Denken. Agonales Denken ist kämpferisches Denken. In diesem Modus ist der Mensch gewissermaßen permanent im inneren Kriegszustand. Dann geht es auch im Büro ständig um den Wettbewerb: Wer von uns ist der Größte, Stärkste, Beste, Interessanteste, Wichtigste? Vieles im traditionellen Wirtschaftsverständnis basiert auf diesem Prinzip. Doch das heißt noch lange nicht, dass es auch so sein muss. Menschen sind auch zu ganz anderen Formen des Miteinanders fähig.

> *» Viele der kreativsten Menschen sind introvertiert, und ihre Kreativität verdanken sie teilweise ihrer Fähigkeit, still zu sein. Introvertierte sind sorgfältige, gründliche Denker, die die erforderliche Einsamkeit ertragen können, um Ideen zu entwickeln. «*
> Susan Cain, Schriftstellerin

Aus unserer Sicht funktionieren erfolgreiche Teams schon heute ganz anders. Da geht es nicht um über und unter, Wissen ist Macht, sondern um den quirligen Austausch von Meinungen, Erfahrungen und Wissen. Gleichberechtigt und gleichwertig, lebendig und frei. Jeder bringt sich ein. Jeder nimmt sich zurück. Wie eine Art Pendel, das ständig in Bewegung ist. Jemand im Team hat einen super Einfall, alle hören aufmerksam zu. Jemand im Team hat einen Energieabfall, okay, wer springt vorübergehend ein? Jemand im Team hat einen Knoten im Kopf, wer kann helfen und für Klarheit sorgen? Alle fühlen sich überarbeitet und gestresst, achten wir bitte gemeinsam auf Pausen und Ausgleich! Alle sind gerade im Flow, wie können wir den Zustand auskosten? In einem Team gleichen sich die Kompetenzen, aber auch Persönlichkeiten, Charaktereigenschaften und Energien so gut es geht aus.

> **»If you have nothing to say,**
> **say nothing.«**
> *Mark Twain, Schriftsteller*

Wer aus einem System kommt, in dem Ober stets Unter sticht, wird sich vermutlich erst einmal die Augen reiben. Doch glaub uns: Es tut gar nicht weh, sein Ego einfach mal abzugeben. Den eigenen Impuls auch mal zurückzuhalten. Und sich in die Bedürfnisse seiner Mitmenschen hineinzuspüren. Aha!
Stell dir einfach vor, du hängst dein Ego neben deinem Mantel an den Garderobenhaken. Wie dein Kleidungsstück wird es dadurch nicht beschädigt und geht auch nicht verloren. Anstatt an deinen Arbeitsplatz zu sprinten und dein

166

Ding durchzuziehen, lass die Blicke schweifen. Was beobachtest du? Wie ist die Stimmung? Wie könntest du dich einbringen, wen könntest du unterstützen? Im Meeting höre einfach nur mal zu. Was sagen deine Kolleg*innen genau, hast du ihren Vorschlag wirklich verstanden – oder kreisen deine Gedanken eher um deinen eigenen nächsten Zug? Frage nach. Wiederhole das Gesagte. Erkundige dich auch nach den Gefühlen: Wie fühlt sich das für dich an? Wenn du magst, kannst du auch die zirkuläre Fragetechnik anwenden. Das ist so ein bisschen »um die Ecke« fragen und dient dazu, Strukturen aufzubrechen. Aus »Wie hast du dich in der Situation gefühlt?« wird »Was würde deine Kollegin sagen, wie es dir da ging?« oder »Was würde Kollege Meier wohl sagen, wenn er die Präsentation sieht?« – du wirst merken, wie sich alles um dich herum plötzlich verändert und Teamkonstellationen in Bewegung kommen.

 **Martina: »Im Schauspiel nennen wir das Prinzip der verteilten Führung: Raum geben und Raum nehmen. Ich finde, das ist ein schönes Bild.«**
Ute: »Versuche ich bei der Erziehung meiner Kinder auch ...«

Auch für Führungskräfte bedeutet das eine Änderung. Es geht nicht darum, ständig zu meinen, alles kontrollieren, optimieren und bestimmen zu müssen, das klappt eh nicht. Wir können als Chef*innen Ergebnisse nicht erzwingen und andere Menschen dafür manipulieren. Es geht darum, Freiräume zu lassen, Angebote zu machen, Dinge ihren natürlichen Lauf nehmen zu lassen, Entwicklungsprozesse zuzulassen und damit auch Fehler.

167

Führung zur Selbstführung lautet die Devise. Erkenntnis zur Selbsterkenntnis. Es geht um echtes, gelebtes Vertrauen in den Entwicklungsprozess von Menschen und Projekten. Als Führungskraft lässt du deinen Mitarbeiter*innen ihr jeweils eigenes Tempo und ihre jeweils eigene Lernkurve. Du greifst nur ein, wenn du unbedingt musst. Ansonsten übst du dich in unterstützender Gelassenheit, in einer gewissen Demut und begleitest den Prozess mit einem wertschätzenden und liebevollen Blick – weil auch du wie die  toughen Marshmallow-Kids im Bogen denken kannst. Ja! Von jetzt auf später. Und nicht nur von jetzt auf gleich.

AMBIGUITÄTSTOLERANZ

Die Fähigkeit, nicht sofort reagieren zu müssen und abweichende Meinungen und Widersprüche einfach mal stehen zu lassen und Dinge zu ertragen, die wir nicht verstehen, nicht in unser Weltbild passen, nennt man Ambiguitätstoleranz. Sie ist eine wichtige Tugend in einer komplexen Welt. Keine Sorge, du musst deswegen deine Meinung nicht unterdrücken und du solltest auch nicht jeder Konfrontation aus dem Weg gehen. Aber du darfst ein bisschen mehr vertrauen: in den kontinuierlichen und demokratischen Verbesserungsprozess. In die Selbstregulationsfähigkeit deiner Mitmenschen und Teams. Und dass der richtige Moment für deine Gedanken schon kommen wird – wird er, das ist zumindest unsere Erfahrung.

SITUATIVES PARTNERSPIEL

Im Schauspiel gilt die Regel: Sei bestens vorbereitet, analysiere die Szene, lerne den Text. Und zwar so gut, dass du den Text nachts kannst, wenn dich jemand aufweckt. An der präzisen Vorbereitung führt kein Weg vorbei. Schauspiel erfordert jede Menge Disziplin. Im Moment der Probe, im künstlerischen Entstehungsprozess gilt jedoch das Gebot: Vergesse alles! Lasse zu! Sei ganz im Moment und maximal offen! Im Schauspiel nennt man das auch Hingabe an den Moment. Denn jeder Moment vermag, dir ein Geheimnis zu offenbaren. Das bedeutet: Sei mit all deiner Aufmerksamkeit und Präsenz bei deinen Spielpartner*innen, reagiere auf den Impuls. Nur dann entsteht ein lebendiges Partner*innenspiel mit unverwechselbaren Momenten voller Magie und neuen nie da gewesenen Spielmöglichkeiten. Innovation wird möglich, die man sich im Vorfeld so nie hätte ausdenken können.

Was bedeutet das im Transfer für dein Leben? Auch wenn uns der Alltag manchmal auffrisst, versuche mit deiner Aufmerksamkeit bei den Menschen zu bleiben, die gerade in deiner Nähe sind, dich umgeben. Aus der Interaktion entstehen auch hier Ideen und vor allem Momente, die dein Leben bereichern. Halte dir diese Türen unbedingt offen – was letztlich aber auch bedeutet, dass du deine Akkus nicht komplett auf null fahren solltest. Aufmerksamkeit für sich und andere erfordert eine gewisse Grundspannung.

ZWACKELMANN, DU ALTE KARTOFFEL

Erfolg ist das Ergebnis vieler, macht sie transparent

> **» There is no beauty
> without truth
> and there is no truth
> without transparency. «**
>
> *Carry Somers, Modedesignerin*

I, PENCIL

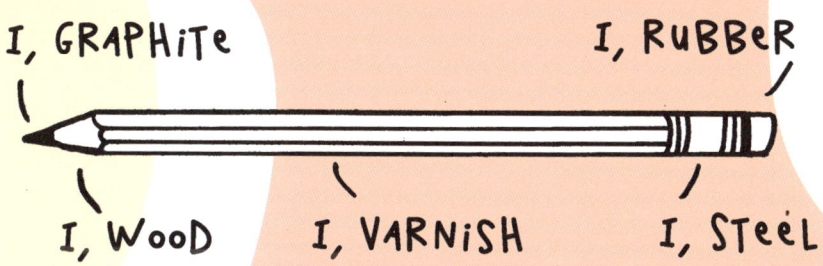

I, GRAPHITE

I, RUBBER

I, WOOD

I, VARNISH

I, STEEL

Milton Friedman hält einen einfachen gelben Bleistift in der Hand und sagt zu seinen Studenten: »Es gibt keinen einzigen Menschen auf dieser Welt, der diesen Stift herstellen könnte. Bemerkenswerte Aussage? Ganz und gar nicht!« Ups! Und dann fädelt der Wirtschaftswissenschaftler und liberale Denker die ganze Geschichte des Bleistifts transparent auf: Für das Holz braucht es Bäume, um die zu fällen, braucht es eine Säge, um die herzustellen, braucht es Stahl, die Grafitmine ist aus Südamerika, der Radiergummi aus Malaysia, schließlich die gelbe Farbe, der Lack: »Tausende von Menschen haben diesen Bleistift gemacht.« Selbst die Frau, die dem Baumfäller den Kaffee kocht, war daran beteiligt. Aha!

Während Friedman anhand des Bleistifts erklärt, wie sich freie und wettbewerbliche Märkte allein über ein funktionierendes, unverzerrtes Preissystem regulieren lassen, steht für uns der gelbe Bleistift für die Kraft menschlichen Miteinanders. Jedes Produkt, jeder unternehmerische Erfolg ist in den allermeisten Fällen das Ergebnis von einem kreativen Zusammenspiel. Und hinter allen Firmenchef*innen, die wir so gerne auf ein Podest heben, stehen in der Regel viele, viele Menschen, die den Weg tagtäglich mitebnen. Und doch tauchen sie nirgends auf. Nehmen wir beispielsweise Steve Jobs. Wenn wir die Biografie über den berühmten Apple-Gründer lesen, wissen wir danach mehr über seine schwierige Beziehung zu seiner ältesten Tochter Lisa Brennan-Jobs als über die Entstehung des iPhones. Wie viele Menschen müssen daran beteiligt gewesen sein? Wie viel Herzblut, Schweiß und (Freuden-)tränen? Nicht nur im Silicon Valley, sondern weltweit? Dieses Wissen würde nicht nur unser aller Lernkurve massiv verbessern. Es würde auch positive Energien freisetzen, Menschen motivieren, sich stärker zu vernetzen, ihre Fähigkeiten einzubringen und jeden noch so kleinen Beitrag wertzuschätzen. Bea Knecht, Gründerin von Europas größter Streaming-Plattform Zattoo, nennt solch kraftvolle, authentische Narrative treffend »a oral history of innovation«.

Voraussetzung dafür: Offenheit und Transparenz. Sicher. Wir wissen, dass gerade das Wort »Transparenz« in letzter Zeit ziemlich überstrapaziert wurde. Und in Zeiten von Internet, Social Media, Big Data und medialer Überbelichtung sehnt sich die eine oder der andere zu Recht nach mehr Geheimnis. Doch für uns ist Transparenz – fern von Kontrolle, Überwachung und Abschaffung aller Rückzugsräume – Dreh- und Angelpunkt einer positiven Unternehmenskultur und nicht ohne Grund eine der tragenden Säulen neuer Arbeitsmethoden wie Scrum. Transparenz macht nicht nur einzelne Arbeitsschritte sichtbar, die alle zum Produkt beisteuern. Transparenz verändert auch die Kommunikation im Unternehmen. Das Miteinander. Die Motivation. Die Ehrlichkeit. Das Vertrauen. Ja, das Gefühl, Teil des Ganzen zu sein und der psychologischen Sicherheit – laut den Forschern des Aristoteles-Projektes von Google, bei dem 180 Teams auf ihre Erfolgsfaktoren untersucht wurden, *die* Basis guter, innovativer Zusammenarbeit schlechthin.[34]

> » *Ich verstehe nicht, warum Menschen Angst vor neuen Ideen haben. Ich habe Angst vor den alten.* «
> John Cage, Komponist

Insofern ist mit das Beste, was du für die Veränderung deines Unternehmens, deiner Organisation, deines Teams tun kannst: Offenheit und Transparenz einfordern! Was die Aufgaben betrifft, die Zuständigkeiten, die Ziele, die Strategie, die Vision, die Geschäftskunden, die Nachhaltigkeit. Sicher, viele Vorgesetzte haben Angst davor, die Karten auf den Tisch zu legen – Angestellte leider auch. Wer macht was, warum und wie genau? Aber wir bleiben dabei: Ohne Transparenz keine wirkliche gemeinsame Ausrichtung, kein wirklicher Wissensaustausch, kein wirklich kritisches Hinterfragen, kein wirklicher gemeinsamer Push nach vorne – und keine Beseitigung von Verschwendung und kommunikativer Flaschenhälse. Laut Melvin Edward Conway, Begründer des Conway-Gesetzes, einer der Hauptgründe für schlechte Produkte und Systemversagen.

Ehrlich gesagt, fragen wir uns ein bisschen verdutzt, warum Organisationen nicht einfach offen und transparent sein können. Cui bono? Auch wenn uns die Antwort bekannt ist, weil einfach und naheliegend. Intransparenz hat Vorteile. Aha! Vor allem die des Machterhalts. Wischiwaschi und Gemauschel, divide et

34 https://www.nytimes.com/2016/02/28/magazine/what-google-learned-from-its-quest-to-build-the-perfect-team.html?_r=1

impera, damit lässt es sich ganz prima führen. Wolf Lotter, Autor des Hamburger Wirtschaftsmagazins *brand eins*, nennt diese Art von Personalführung treffend die »Methode Zwackelmann«[35]: »Nicht nur in dieser Hinsicht gleichen viele Chefs bis heute einer Figur, die der Kinderbuchautor Otfried Preußler vor mehr als fünf Jahrzehnten in seinem Meisterwerk *Der Räuber Hotzenplotz* geschaffen hat, der des großen, bösen Zauberers Petrosilius Zwackelmann. Der Magier ist ein Meister seines Faches, und dennoch sitzt er abends missmutig vor einem Eimer Kartoffeln, die er eigenhändig schält. Klar könnte das jemand anders für ihn machen. Doch er traut dem Personal nicht. Dumme Leute können nichts, sagt sich Zwackelmann, und wer nichts kann, den kann er auch nicht gebrauchen. Das ist verständlich. Doch noch schlimmer, weiß Zwackelmann, sind die Schlauen. Die könnten ihm auf die Schliche kommen. Und das wäre das Vorspiel zum Putsch.«[36]

ZWACKELMANN INC.

Kommt vermutlich vielen bekannt vor. Doch wer sich an den Ausgang der Geschichte erinnert, weiß auch, wie der Zauberer endet. Er stürzt in den Unkenpfuhl und geht einsam und von allen verlassen unter. Aus unserer Sicht wird er nicht mehr allzu lange alleine da unten sein. Die Zeiten, in denen jede*r still und leise und unbeachtet im eigenen Kästchen Dienst nach Vorschrift schiebt, Aufgaben einfach nur standardmäßig abarbeitet, neigen sich dem Ende zu. Davon sind wir überzeugt. Kollaborative Teams sind schlicht erfolgreicher und schlagkräftiger. Und Chef*innen allein können in einer dermaßen komplexen Welt gar

35 https://www.brandeins.de/magazine/brand-eins-wirtschaftsmagazin/2018/personal/wolf-lotter-personalfragen
36 Peter Kruse persifliert das ganze Dilemma in seiner Rede »8 Regeln für den totalen Stillstand im Unternehmen«. Unbedingt angucken: https://www.youtube.com/watch?v=4f_mIRms2U

nicht mehr den Weg eindeutig vorzeichnen: Hier geht es lang! Also: Schluss mit weiter wie gehabt! Das können wir bestimmt besser, ab heute ziehen wir gemeinsam an einem Strang. Jeder Move zählt. Mitarbeiter*innen als Mit-Entrepreneur*innen.

>> *Get Naked and rule the World.* <<
Wired Magazine

Randnotiz: Die Diskussion um transparente Gehälter ist im vollen Gange. Und es gibt inzwischen tatsächlich Unternehmen, die sich daran versuchen. Zack! Hosen runter. Ja! So arbeitet die Düsseldorfer Firma Sipgate seit 2014 mit dem »Lean Salary Framework« an einem fairen, transparenten Gehaltskonzept und berichtet über die Schwierigkeiten im Unternehmensblog. Und Unternehmen wie die brasilianische Semco-Gruppe, die Hamburger Kreativagentur elbdudler oder der Getränkehersteller Premium Cola, ebenfalls Hamburg, lassen ihre Mitarbeiter selber entscheiden, wie viel sie verdienen möchten. Als Nachteil wird oft angeführt, dass solch offene und transparente Vergütungsmethoden dazu führen, dass Löhne insgesamt sinken – weil Mitarbeiter*innen ihren Wert unterschätzen und zu wenig verlangen. Oder Arbeitgeber*innen Gehaltserhöhungen ausschlagen aus Angst, dass im Anschluss auch die anderen angetanzt kommen und die Hand aufhalten. Klar. Möglich. Und doch können wir nur jeden und jede dazu ermutigen, es zumindest mal gedanklich durchzuspielen. Schon allein um sich selbst auf die Schliche zu kommen: Ginge es mir darum, Kosten zu drücken, gleich viel Leistung für weniger Geld zu bekommen? Gähn. Oder würde ich in puncto Miteinander, Zusammenhalt, Vertrauen, Fairness und echter Innovation einen Schritt nach vorne machen wollen. Was ist wichtig in meiner und auf dieser Welt?

Ute: »Neues Arbeiten sagt uns eigentlich jeden Tag: Du bist wertvoll! Du stiftest Wert! Für unser Produkt, für unser Team, für unser Unternehmen!«
Martina: »Ja, maximale Wertschätzung für jeden Menschen, unabhängig von Status, Hierarchie und Funktion – das ist mein Bild von Zukunft.«

JIRA, TRELLO & CO.

Es gibt inzwischen etliche Möglichkeiten, Tätigkeiten für alle im Unternehmen gut sichtbar zu machen – tut auch gar nicht weh, versprochen! Auf einsehbaren Whiteboards beispielsweise oder mithilfe von digitalen Aufgabenverwaltungstools wie Jira oder Trello. Welches sich für dich, dein Team, dein Unternehmen am besten eignet, musst du ausprobieren. Es gibt kein Patentrezept. Aber der Versuch lohnt sich allemal! Auch wenn der Satz »A fool with a tool is still a fool« leider stimmt. Die Bereitschaft für transparentes Arbeiten muss gegeben sein.

FINDE DEIN IKIGAI

Transparenz führt zu mehr Offenheit. Und mehr Offenheit ermöglicht dir wiederum, dich klarer zu positionieren: Was will ich, was traue ich mir zu, wo liegen meine Stärken, wie will ich meine Fähigkeiten am liebsten einbringen, was liegt mir gar nicht, was lehne ich grundsätzlich ab? Damit du all diese Fragen erst einmal für dich klären kannst, wollen wir dir ein tolles japanisches Tool vorstellen mit dem Namen Ikigai.

Nimm ein Blatt Papier und zeichne vier Kreise, die sich überschneiden (siehe Illustration). Entweder frei von Hand oder indem du einen Zirkel, ein Glas zum Umranden zu Hilfe nimmst. Jeder Kreis (1 bis 4) steht für eine Fragen, und für jede solltest du dir etwa fünf Minuten Zeit nehmen, sammle alles, was dir durch den Kopf schießt, beginne links mit »Worin bist du gut?« und gehe dann im Uhrzeigersinn weiter:

1. Was du gut kannst:
   • Was sind deine Stärken?
   • Was fällt dir leicht?
   • Welche Kompetenzen und Fähigkeiten hast du dir angeeignet?
   • Welche Eigenschaften bewundern andere an dir?
2. Was du liebst:
   • Was weckt deine Begeisterung?
   • Womit verbringst du deine Freizeit am liebsten?
   • Worüber redest du am häufigsten?
   • Welche Leidenschaft hast du bereits seit vielen Jahren?
3. Was die Welt braucht:
   • Welche Werte vertrittst du?
   • Wofür willst du dich einsetzen?
   • Welche Probleme willst du lösen?
   • Was möchtest du in der Welt verändern?
4. Wofür du bezahlt werden kannst:
   • Was ist dein Beruf?
   • Womit verdienst du dein Geld?
   • Welche Einnahmequellen hast du?
   • Mit welcher Fähigkeit kannst du Geld verdienen?

IKIGAI

JAPANISCH FÜR LEBENSSINN

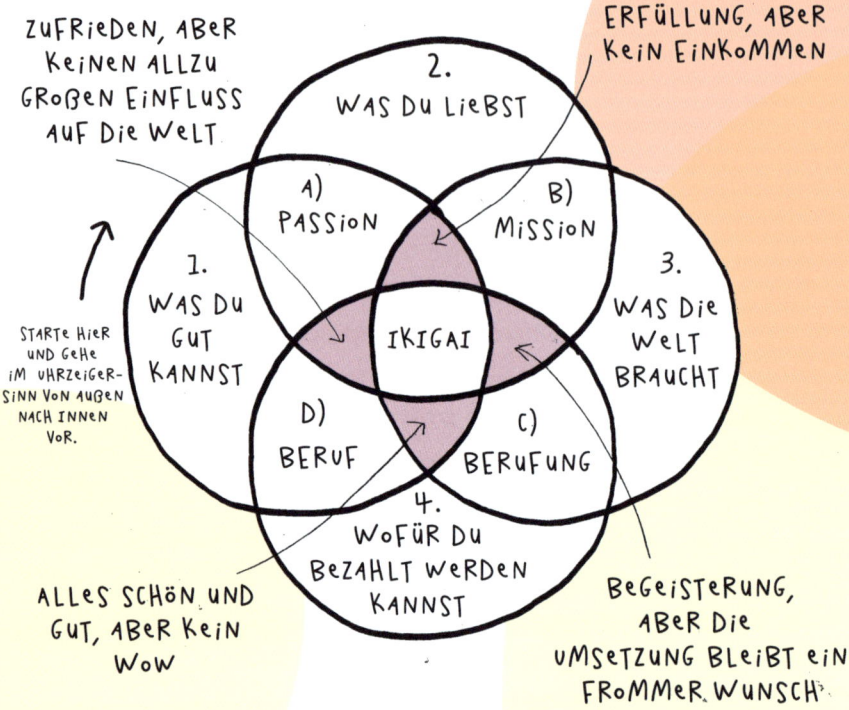

ZUFRIEDEN, ABER
KEINEN ALLZU
GROßEN EINFLUSS
AUF DIE WELT

ERFÜLLUNG, ABER
KEIN EINKOMMEN

2.
WAS DU LIEBST

A)
PASSION

B)
MISSION

1.
WAS DU
GUT
KANNST

STARTE HIER
UND GEHE
IM UHRZEIGER-
SINN VON AUßEN
NACH INNEN
VOR.

IKIGAI

3.
WAS DIE
WELT
BRAUCHT

D)
BERUF

C)
BERUFUNG

4.
WOFÜR DU
BEZAHLT WERDEN
KANNST

ALLES SCHÖN UND
GUT, ABER KEIN
WOW

BEGEISTERUNG,
ABER DIE
UMSETZUNG BLEIBT EIN
FROMMER WUNSCH

Wenn du die vier Bereiche durchlaufen hast, kannst du gerne noch einmal von vorne starten und Begriffe auch ändern. Kein Druck. Du musst niemandem etwas beweisen. Auch nicht dir selbst. Wenn du gerne singst, dann schreibe singen in den Kreis »Was du liebst« – selbst wenn du findest, dass deine Stimme nicht perfekt ist.

Danach gehst du weiter zu den vier Schnittmengen (A bis D) und nimmst dir für jede wieder ein paar Minuten Zeit. Manchmal ist es auch gut, die Zeichnung für ein, zwei Tage liegen zu lassen, um Antworten zu finden, die wirklich zu den Fragen passen:

A. Was ist deine größte Passion?
B. Wie lautet deine Mission?
C. Wozu fühlst du dich berufen?
D. Was ist oder was soll dein Beruf sein?

Auch hier wieder: Kein Druck. Gedanken einfach kommen lassen.

Wenn du das Gefühl hast, es passt, du hast über jedes Feld ausreichend nachgedacht, lass die Zeichnung auf dich wirken. Dafür kannst du sie auch an eine Wand pinnen. Welche Begriffe und Botschaften hast du für dich gefunden? Ups! Welche kehren in den verschiedenen Feldern wieder? Aha! Markiere sie mit einem Marker oder kreise sie ein.

Der ideale Ikigai-Zustand ist erreicht, wenn es etwas gibt,

- für das du brennst,
- das du gut beherrschst,
- das die Welt braucht oder das Leben von Menschen verbessert
- und wofür du auch noch bezahlt wirst;

Zum Beispiel eine Köchin, die schon immer Köchin werden wollte und inzwischen mit Leidenschaft und Erfolg ein eigenes, kleines Restaurant führt und ihre Gäste mit ihren Kreationen dazu ermutigt, sich auch im Alltag mehr Gedanken über Essen und gesunde Ernährung zu machen. Sie hat ihr persönliches Ikigai, ihren Lebenssinn gefunden. Doch auch wenn man es nicht ins Zentrum der Ikigai-Blume schafft, kann das Leben sehr schön, facettenreich und erfüllend sein. Es geht bei der Übung nicht darum, zu werten. Es geht darum, sich selbst besser kennenzulernen. Und einen klareren Blick dafür zu bekommen, wo man mit all seinen Interessen, Fähigkeiten, Leidenschaften und Potenzialen steht. Ja! Um dann zu entscheiden, ob das Leben so, wie es gerade ist, gut und richtig ist – ideal im Sinne von Ausrichtung und Verschmelzung aller Lebensbereiche ist nicht für jeden Menschen ideal. Oder ob man ihm noch einen zusätzlichen, zentrierenden Stups geben möchte.[37]

> » *People don't buy what you do;*
> *they buy why you do it.*
> *And what you do simply proves*
> *what you believe.* «
> Simon Sinek, Purposefinder

37 Falls du mehr über Ikigai erfahren möchtest, empfehlen wir dir folgende Bücher: Francesc Miralles/Héctor Garcia: Ikigai – gesund und glücklich 100 werden und Ken Mogi: The little book of Ikigai. The secret japanese way to live a happy and long life.

UPS! AHA! JA!

Wie du deine Kreativitätskompetenz erweitern kannst

> ## »Genie ist ein Prozent Inspiration und 99 Prozent Transpiration.«
> *Thomas Alva Edison, Erfinder*

»Du bist ja so kreativ!« Dieser Satz ist aus unserer Sicht Mumpitz. Denn es gibt nicht kreative oder unkreative Menschen. Das ist eine Mär – und geht auf den Versuch zurück, uns in zwei Fraktionen teilen zu wollen. Hier die rationalen Zahlenmenschen, die angeblich alle Phänomene der Welt berechnen können, sogar unser Verhalten: Betriebswirtschaftler*innen, Volkswirt*innen, Konsumforscher*innen, Produktentwickler*innen. Dort die gefühligen Kreativlinge, die unser Leben bunter und hübscher machen: Schriftsteller*innen, Schauspieler*innen, Philosoph*innen, Maler*innen. Zudem nennt man diese Art, zu denken, dichotomisches, zweiteiliges oder auch schlicht Schwarz-Weiß-Denken. Was in einer komplexen Welt so ziemlich das Blödeste ist, das man tun kann. Deswegen sollten wir jetzt Schluss damit machen. Zack!

- Kreativität heißt nicht nur: malen, zeichnen, schauspielern, basteln, Musik machen ...
- Kreativität heißt auch: offen sein, sich einlassen, etwas Neues auszuprobieren, Gewissheiten infrage stellen, um die Ecke denken, achtsam beobachten, Gefühle zulassen, sich frei machen von vorschneller Bewertung und Vorurteilen, den Mut haben, eigene Ambivalenzen und Unsicherheiten offen anzusprechen ...

> **»Nimm an, was du gelernt hast, folge den Schritten, lass keinen aus und werde nicht träge. Je mehr du arbeitest, desto überzeugender wird das Endresultat sein.«**
> Ivana Chubbuck, Schauspielcoach

Die gute Botschaft: Jede*r von uns kann kreativ sein, es ist in uns Menschen angelegt. Ups! Die schlechte Botschaft: Die allermeisten von uns müssen ihre kreativen Skills erst ausbuddeln und bereit sein, sie zu trainieren, zu verfeinern. Aha! Am besten täglich, ein Leben lang. Doch wie geht das?

SKETCHNOTE-FIGUREN SIND KREATIV UND LEICHT GELERNT

Am Anfang unseres Buches haben wir geschrieben, dass jede Gefühlsregung, jeder emotionale Stolperstein – ob positiv oder negativ – das Potenzial in sich trägt, einen kreativen Entwicklungsprozess anzustoßen. Wenn

183

wir denn bereit sind, diesen initialen Impuls, dieses Ups!, wie wir es nennen, zu nutzen. Und uns der Frage stellen, warum uns dieses oder jenes so berührt, abstößt, überrascht, verärgert, interessiert oder abtörnt. Dadurch kommen wir zu einer Erkenntnis, aha!, und – wenn wir noch weiter dranbleiben – zu einer Weiterentwicklung, einer neuen Sichtweise, einer besseren Lösung: Ja!

Diesen Ups-, Aha-, Ja-Prozess haben wir uns nicht aus den Fingern gesaugt.

DIE ERKENNTNIS, DASS AUCH BUCHHALTER KREATIVE MENSCHEN SIND, SETZTE BEI HERRN P. GANZ NEUE POTENZIALE FREI...

Sondern von dem Kompetenzmodell des US-amerikanischen Filmtheoretikers und Filmemachers Noël Burch abgeleitet, mit dem auch Schauspieler ausgebildet werden und ihr kreatives Spiel kontinuierlich verbessern. Lasst uns dieses Modell genauer anschauen: Burch definiert vier Stufen:

- unbewusste Inkompetenz
- bewusste Inkompetenz
- bewusste Kompetenz
- unbewusste Kompetenz

Auf der ersten Stufe befindet sich der Mensch in dem Modus: Ich weiß nicht, dass ich nichts weiß. Meine Inkompetenz ist mir nicht bewusst. Die eigenen blind spots liegen im Verborgenen. Warum sollte ich etwas ändern, alles läuft wie gehabt. Diese kognitive Verzerrung nennt sich auch Dunning-Kruger-Effekt, benannt nach den beiden US-amerikanischen Sozialpsychologen David Dunning und Justin Kruger.

KOMPETENZPROZESS NACH BURCH

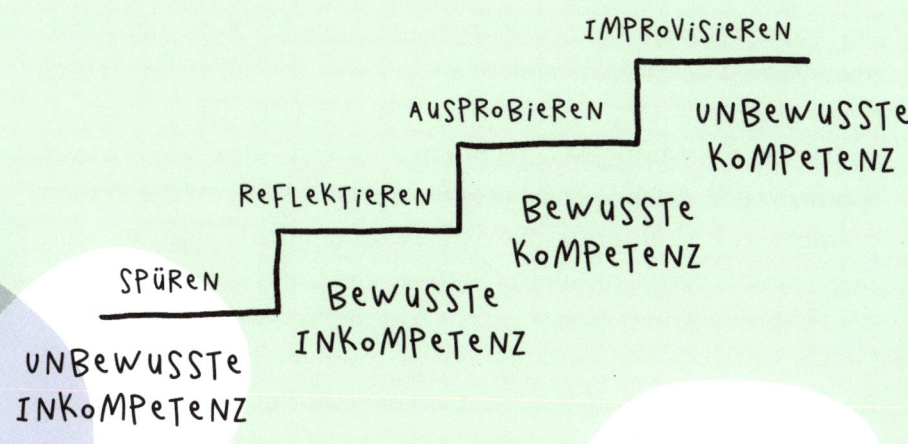

»**Wenn man inkompetent ist,
kann man nicht wissen,
dass man inkompetent ist.**«
David Dunning, Sozialpsychologe

Auf der zweiten Stufe werde ich mir meiner eigenen Inkompetenz bewusst: Ich weiß plötzlich, dass ich etwas nicht weiß. Weil mir zum Beispiel meine Umwelt signalisiert: Es gibt durchaus auch andere Sichtweisen, Positionen, Wege, Optionen. Man könnte Dinge auch anders betrachten und angehen.

Auf die dritte Stufe rutsche ich automatisch, wenn ich bereit bin, Neues zuzulassen, dazuzulernen, meine eigene Kompetenz zu erweitern. Ist mühsam, kostet Überwindung, kratzt vielleicht auch am Ego, wirft Glaubenssätze über den Haufen, doch mit der Zeit wird es einfacher und kostet immer weniger Kraft und Energie. Auch weil ich merke, wie sich mein Kompetenz- und Handlungsspielraum nach und nach erweitert.

Auf der vierten Stufe beherrsche ich die neuen Skills bereits spielerisch und setze sie intuitiv richtig ein, baue sie aus, improvisiere. Ohne groß darüber nachzudenken. Die neue Kompetenz, der neue Standpunkt gehören zu mir, und ich kann mir kaum noch vorstellen, dass es einmal anders war. Ich habe den Schritt hineingewagt in eine neue Welt, die mein Leben bereichert.

Da wir die Methode von Burch sehr gut, aber auch etwas sperrig finden, haben wir sie vereinfacht. Und dafür etliche Frauen gefragt, welche Begriffe sie den einzelnen Stufen geben würden. Damit sie sich im Alltag daran erinnern und sie parat haben. Als Everyday-Kreativboost quasi. Trigger, Tackle, Try und Stop, Evolve, Solve waren vorne mit dabei, doch letztlich haben Ups!, Aha!, Ja! das Rennen gemacht. Und so sieht der Prozess nun folgendermaßen aus:

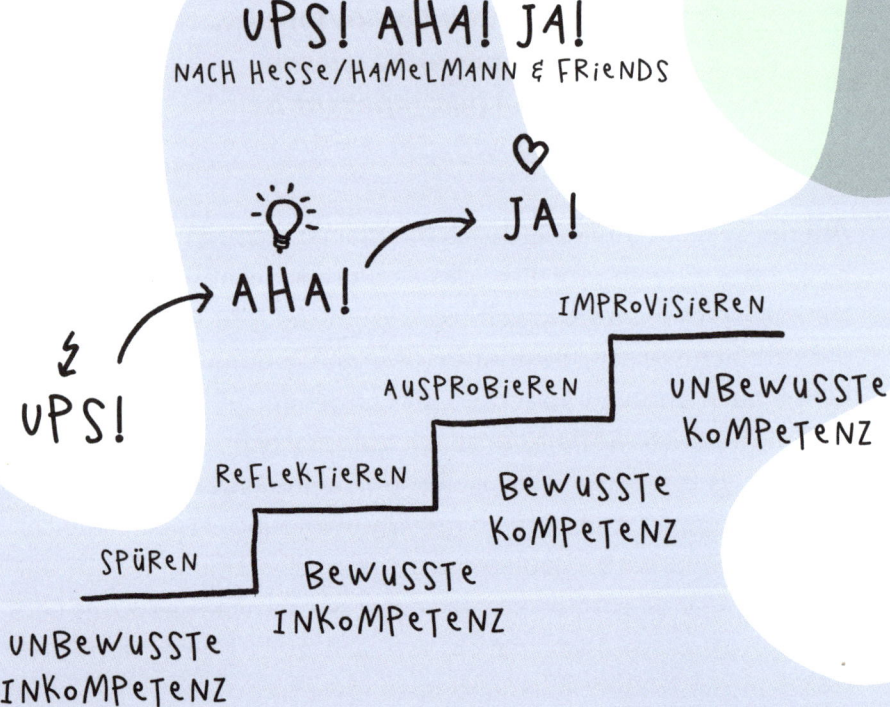

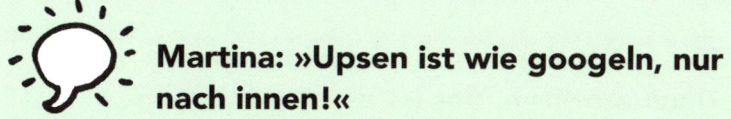

Martina: »Upsen ist wie googeln, nur nach innen!«

WAS IST EIN UPS!-MOMENT?

Ein Ups!-Moment ist eine kleine oder große Irritation, etwas, das uns triggert. Negativ oder auch positiv. **Bei negativen Ups!-Momenten denkst oder sagst du dir Dinge wie:** Das hat mich verletzt, das hat mich geärgert, darüber bin ich gedanklich gestolpert, ab da wurde ich unaufmerksam, das fand ich kompliziert, da ging meine Energie runter, das habe ich nicht verstanden, da war ich freudlos, das war konfrontativ, da war ich verletzt … **Bei positiven Ups!-Momenten denkst oder sagst du dir Dinge wie:** Da habe ich gestaunt, das hat mir sehr gutgetan, da war ich voll im Fluss, da habe ich mich stark gefühlt, das hat mir wahnsinnig Spaß gemacht, da habe ich die Welt um mich herum vergessen, da war ich überrascht, das war auf Augenhöhe, das hat sich gut angefühlt …

WAS IST EIN AHA!-MOMENT?

Indem du über Ups! nachdenkst, entdeckst du neue Möglichkeiten oder kannst zumindest den Wunsch nach Veränderung formulieren. Das will ich so nicht mehr! Oder: Bitte mehr davon! Damit befindest du dich schon inmitten eines Kreativprozesses. Vorausgesetzt: Du willst wirklich die Perspektive wechseln und dich der zentralen Frage stellen: »Was mache ich jetzt kreativ aus dieser Situation, diesem Erlebnis«? Selbst wenn du entscheidest, nicht zu reagieren oder so zu handeln wie immer, ist es eine bewusste Entscheidung, die sich unweigerlich anders anfühlt als eine aus Affekt oder Automatismus heraus.

 **Martina: »Energie freisetzen, Dynamiken spüren und damit dann arbeiten, das ist es, was mich an Kreativität so begeistert!«**
Ute: »Ja, das ist geil – im Großen und im Klitzekleinen.«

WAS IST EIN JA!-MOMENT?

Der Ja!-Moment stellt sich ein, wenn du ins Handeln kommst. Weil du für dich entscheidest: Ja, das probiere ich jetzt einfach mal aus! Ja, das schaffe ich! Ja, das ist machbar! Ja, so kann es gehen! Ja, diese Freiheit nehm ich mir jetzt heraus!

> *»Mein Selbstverständnis ist: Ich bin eine Problemlöserin. Alles, was ich für die Lösung brauche, habe ich. Oder werde ich noch lernen.«*
> *Aya Jaff, Tech-Expertin*

Wir können dich nur ermutigen: Erkenne, lasse zu, lasse dich ein und lege los. Ganz egal, wie klein der Move anfangs auch sein mag. Mit alten Gewohnheiten zu brechen, ist lustig, macht Spaß und setzt Energien frei. Und falls es doch mal zu anstrengend wird, kannst du bestimmt Freund*innen, Partner*innen, Kolleg*innen um Hilfe bitten. Ganz wichtig: Feiere deine kreativen Mikromomente! Immer! Denn jede gelungene Veränderung ist ein Schritt zu mehr Kreativität. In deinem Leben und auf dieser Welt! Geht übrigens bis ultimo. Unlängst haben Forscher herausgefunden, dass sich unsere Gehirnzellen immer neu bilden, selbst im hohen Alter noch! Adulte Neurogenese nennt sich dieses Phänomen, und es machte ratzfatz Schluss mit dem Mythos, dass sich Gehirnzellen nur während der embryonalen Entwicklung bilden. Also: Keine Ausreden, offen sein, sich einlassen, Neues auszuprobieren, Gewissheiten infrage stellen, dazulernen kennt kein Alter! Nennt sich Neuroplastizität.

MUSTER DES GELINGENS

Dieses Tool ist wirklich einfach und dabei so wirksam. Nimm dir allein oder mit anderen zusammen 15 Minuten Zeit, einen Stift, einen Packen Post-its oder Kudo-Karten – gibt es analog und digital – und dann schreib einfach alles auf, was du, dein Team, dein*e Partner*in, dein*e Freund*in, dein Kind gut kann. Woran du Spaß hast, was euch gelungen ist, was du an ihm oder ihr toll findest. Dann klebe die Notizen an eine große Wand. Du kannst genauso gut zeichnen: Sketch notes! Unbedingt ausprobieren! Oder die Zettel an eine Tür kleben

MUSTER DES GELINGENS
Z.B. MIT KUDO-KARTEN

GUTE ARBEIT
VON........
AN........

VIELEN DANK
VON........
AN........

INSPIRATION
VON........
AN........

AWESOME
VON........
AN........

BESTE IDEE
VON........
AN........

GLÜCKLICH
VON........
AN........

und diese dann »Door of Happiness« nennen. Ganz gleich, für welche Version du dich entscheidest, zum Schluss stehst du staunend vor lauter tollen Sachen, die dich wahnsinnig stolz machen und dich positiv und selbstwirksam fühlen lassen. Was für ein Gute-Laune-Boost. Auch für Situationen, in denen es mal nicht so gut läuft, denn dann erinnert dich diese Wand daran, dass du viel, viel mehr bist, als nur dieser kleine Fehler, diese kleine Schwachstelle, die dir gerade die Laune verhagelt. Believe us, just do it! Und baue das Muster des Gelingens immer weiter aus, indem du nicht aufhörst, Zettel zu schreiben und gut sichtbar auf die Wand zu kleben.

POKA YOKE

Bei Toyota kann ein einzelner Fließband-Mitarbeiter das gesamte Band anhalten, wenn er einen Fehler entdeckt. Das hat den Vorteil, dass er sofort behoben werden kann und nicht erst, wenn das Auto ausgeliefert wird oder sogar schon beim Kunden ist. Die Idee dahinter: Kein Mensch und kein Produkt ist ohne Schwachstellen oder Fehler. Aber je eher man sie entdeckt, desto besser. Damit vermeidet man den großen Crash am Ende. Für uns ist Poka Yoke ein schönes Bild dafür, der eigenen Wachheit und Präsenz zu vertrauen, bei Störungen die Pausentaste zu drücken, kurz innezuhalten und sich zu fragen: Möchte ich im nächsten Schritt etwas verändern? Und wenn ja, was?

DOODLE MAL WIEDER!

DOODLES SIND KLEINE GEDANKEVERLORENE KRITZELEIEN.
DAS, WAS MAN FRÜHER BEIM ANALOGEN TELEFONIEREN MACHTE.
FANG MIT ORGANISCHEN FORMEN, MONSTERN ODER FUNNY FACES AN.

DON'T PANIC, IT'S ORGANIC

Warum auch du wenigstens ein bisschen agil und iterativ scrummen solltest

» *Ich habe ein gewisses Vertrauen ins Unbekannte.* «

Nora Fingscheidt, Filmregisseurin

Hattest du schon mal ein New-Work-Buch in der Hand? Und hast dich über die vielen, vielen Kreise, Kringel, Zyklen, Zirkel und Loops gewundert, die sich darin tummeln. Dort, wo man aus den traditionellen Unternehmen Kästchendiagramme, Säulen, Pfeile, Zeilen, Spalten und schwarz-weiße Excel-Tapeten kennt, ist plötzlich alles rund, durchlässig, rückbezüglich und zyklisch. Die neuen Organisationssysteme sehen aus wie riesige Eizellen. Und agile Prozesse muten wie ein weiblicher Menstruationszyklus an! Ups! Fasziniert stolpert man über Begriffe wie Soziokratie 3.0 oder Holokratie – Organisationsformen, die sich organisch, evolutionär, emergent und adaptiv weiterentwickeln. Inzwischen kommen sie sogar in Broschüren von McKinsey vor!

Diese neuen Organisationssysteme der Wirtschaft haben mit den Organisationssystemen der Natur viel gemein. Komplexe Systeme werden sie genannt, und es gibt einen ganzen Reigen an Wissenschaftlern, die sich damit befassen wie Ellen Levi, Melanie Mitchell, Niklas Luhmann, Stafford Beer und Robert Axelrod. Für sie alle sind die Systeme genauso wie unser Gehirn, unser Immunsystem, unsere Nervenzellen so flexibel und vernetzt organisiert, dass sie schnell auf ihre Umwelt reagieren können, ohne dabei ihre Stabilität zu verlieren. Aha! Das predigen doch gerade alle Manager, dass ihre Unternehmen beweglicher und anpassungsfähiger werden müssen. Kennzeichnend für diese

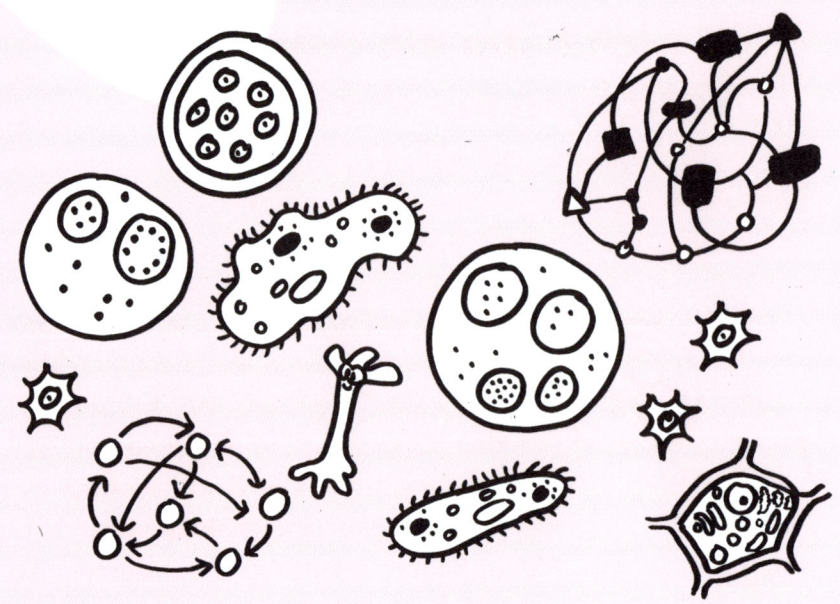

organischen Systeme ist, dass sie sich rekursiv, also in sich immer wiederholenden Schleifen, weiterentwickeln und beständig verändern können. Jetzt erklären sich auch die vielen Kringel, Zyklen und Kreise überall in den New-Work-Tools und -Büchern. Frage: Sind wir Menschen für diese neuen Systeme nicht nahezu wie geschaffen? Für uns fühlt sich das alles jedenfalls viel besser an als all die Kästchen, Treppen, Funktionendiagramme – beweglicher, geschmeidiger, natürlicher, menschlicher. Kreise, Zyklen, Loops kennen wir, können wir. Ja!

 **Ute: »In diesen neuen Systemen werden Frauen auch endlich wie Frauen führen können, ganz natürlich und organisch.«**
Martina: »Auf die Sache bezogen, mehr wollten wir eh nie!«

38 Shoshana Zuboff: *Das Zeitalter des Überwachungskapitalismus.* Campus Verlag, Frankfurt am Main 2018

Natürlich sind die neuen Methoden und Systeme kein Allheilmittel, und natürlich werden diese Methoden von den Googles, den Amazons, Facebooks, Baidus und Alibabas dieser Welt schon längst für ihren grenzenlosen »Überwachungskapitalismus«, wie die US-amerikanische Wirtschaftswissenschaftlerin Shoshana Zuboff es nennt, genutzt.[38] Es sind aber nur Methoden und Tools. Und die sind zunächst neutral, ohne Zweck und Absicht.

> *» Humanität besteht darin,*
> *daß niemals ein Mensch einem*
> *Zweck geopfert wird. «*
> *Albert Schweizer, Arzt*

Ja! Die Absicht ist das eigentliche Ding. Wie werden sie eingesetzt und wozu werden sie benutzt? Natürlich kann man mit diesen neuen Tools auch eine Atombombe bauen. Aber das ist nicht den Methoden vorzuwerfen, sondern den Akteuren, die sie nutzen.

KOMPLEXE SYSTEME

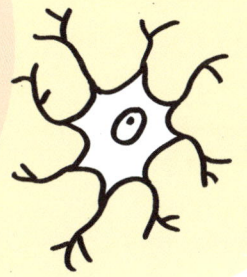

NEURONEN

NETZWERK-
ORGANISATIONEN

FINANZMARKT

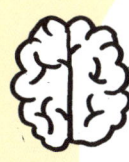

DU

195

Wir sind keine Fans davon, Dinge ohne Not kaputtzureden. Lieber machen wir uns die Methoden und Denkweisen zu eigen, um einen humanistischen Gegenentwurf und Alternativen zu den bisherigen Geschäftsmodellen zu entwickeln. Auf der Basis unserer eigenen Ideen, Werte und Ideale. Warum begegnen wir unseren Herausforderern nicht wenigstens mit adäquaten Waffen? Anstatt uns weiterhin in den behäbigen, engstirnigen und bürokratischen Paradigmen, Gewohnheiten, Denkmustern und Arbeitsmethoden einer alten Welt zu verheddern. Wertvolle Energie, Kraft und Zeit verpufft, während sich die Big Player aus den USA und China kringelig lachen.

> **»Jetzt müssen wir**
> **Paradigmenpioniere sein!«**
> *Vera Birkenbihl, Managementtrainerin*

Prabhat Agarwal, Mitarbeiter des EU-Kommissars Thierry Breton, der gerade neue Regeln aufstellt, um die Macht von Google, Amazon, Facebook und Apple zu beschränken, hat genau das erkannt: »Wenn Prabhat Agarwal von seiner Arbeit erzählt, dann benutzt er die Sprache des Silicon Valley. Die virtuellen Treffen mit seinem Team nennt er morning coffee check-ins. Ihr Vorgehen sei ›agil‹ und ›iterativ‹, zwei Begriffe aus der Softwareentwicklung, bei denen es darum geht, die eigenen Fortschritte ständig zu hinterfragen. Die Konzerne, die Agarwal regulieren will, arbeiten so. Er glaubt, dass die Brüsseler Bürokratie Google nur dann besiegen kann, wenn sie selbst ein bisschen mehr wird wie Google. Agarwal ist der Antityp eines EU-Beamten.«[39]

Wir befinden uns inmitten eines globalen Wettlaufs, der sich beinahe täglich in immer höhere Dimensionen schraubt. Tesla, so heißt es, hat sechs Jahre Technikvorsprung vor den traditionellen Autobauern.[40] Weltkonzerne aus Ost und West greifen nach unserer Aufmerksamkeit, unserer Zeit. Gaukeln uns Bedürfnisse

39 Georg Blume/Ann-Kathrin Nezik: »Google, Amazon, Facebook und Apple beherrschen das Internet. Kann ein EU-Beamter sie zähmen?«, in Zeit vom 03.12.2020, S. 26
40 https://t3n.de/news/tesla-model-3-zerlegt-elektronik-vorsprung-1254132/

vor, von denen wir selbst noch nicht einmal wissen, dass wir sie haben, umwerben, verführen, isolieren uns und machen selbst vor unseren Kindern nicht halt – all in! Wir werden gespannt beobachten dürfen, ob VW mit den eingeplanten 73 Milliarden Euro Investitionskosten noch aufholen kann, und insgeheim denken wir uns: Menschenskind, was könnte man mit diesem Geld nicht alles an coolen Alternativkonzepten hier vor Ort entwickeln?[41] Erlebnisspaces wie die finnische Zentralbibliothek Oodi zum Beispiel in jeder Stadt. Statt immer ins Auto zu steigen und wegfahren zu müssen, einfach mal kreativ sein, wo man gerade ist.

Ute: »Es ist ja auch ein Treppenwitz der Geschichte, dass die Programmierer aus dem Silicon Valley, die unsere Kinder dauernd mit Apps und neuen Games bombardieren, ihre Kinder bewusst auf analoge anthroposophische und christlich-humanistische Privatschulen schicken, wo sie tanzen, werkeln und Bücher lesen – auch zu Hause sind die digitalen Devices radikal verboten.«

Martina: »... wenn Steve Jobs seinen Kindern nicht mal ein iPad gegeben hat, sollten wir in unserer grenzenlosen Technikbegeisterung zumindest mal innehalten und fragen: Was passiert da eigentlich gerade? Wohin führt das alles? Was steht auf dem Spiel?«

Uns kommt da die Parabel vom Drachen in den Sinn. In der sitzt der alte Zen-Meister mit seinem Schüler am Lagerfeuer und sagt: »Mein Schüler, in jedem von uns tobt ein Kampf zwischen zwei Drachen. Der eine Drache ist böse. Er kämpft mit Neid, Eifersucht, Gier, Arroganz, Selbstmitleid, Lügen, Überheblichkeit, Egoismus und Missgunst. Der andere Drache ist gut. Er kämpft mit Liebe, Freude, Frieden, Hoffnung, Gelassenheit, Güte, Mit-gefühl, Großzügigkeit, Dankbarkeit, Vertrauen und Wahrheit.« Daraufhin fragt der Schüler: »Und welcher der beiden Drachen gewinnt?« Der alte Zen-Meister schweigt eine Weile. Dann ant-wortet er: »Der, den du fütterst.«

In diesem Sinne: Lasst uns alle mal einen kurzen Moment schweigen. Überlegen, welchem Drachen wir tagein, tagaus die Ehre erweisen. Und die neuen Methoden und Tools als das an-sehen, was sie sind. Werkzeuge, die uns dabei helfen, uns eine eigene Zukunft zu basteln.

> **»Wir werden zunehmend realisieren,**
> **dass die Ökonomie eine dienende Funktion**
> **für die Gesellschaft haben sollte.«**
> Harald Welzer, Soziologe

TOOLS NUTZEN UND REFLEKTIEREN

Design Thinking, Check-ins, Why – How – What, Lean Start-up, OKR … es nützt nix. Wenn wir alte Strukturen und Systeme effektiv und nachhaltig evolutionieren oder gleich alternative Geschäftsmodelle entwickeln wollen, müssen wir unsere Vor-urteile und Ressentiments gegenüber den neuen Tools, Denk- und Arbeitsmethoden ablegen! Ja, die wichtigsten kommen aus der Softwareentwicklung und dem Usability-Design, aber Softwareentwicklung und Usability-Design sind nun mal krea-tiv! Und Scrum, nur so als ein weiteres Beispiel, ist im Prinzip nichts anderes als ein verschriftlichter Kreativprozess, ein Framework, und ein ziemlich durchdachtes dazu – mit beweglichen Rollen statt starrer Projektleitung, ein- bis vierwöchigen Sprints statt ewig langer Projektphase. Martina hat sich von Utes Begeisterung anstecken lassen und die Corona-Zeit dafür genutzt, einen Online-Lehrgang zum Scrum Master zu besuchen. Erforderte ein wenig Mut. Aber schon nach kurzer Zeit stellte sie inmitten von ITler*innen, Produktmanager*innen und Personaler*innen fest: Bei uns allen knarzt es an denselben Stellen. Und: Kommunikation über alle Bereiche und Ebenen hinweg ist alles![42]

Klar. Neue Tools und Methoden schützen nicht davor, sich doch wieder im Mikromanagement zu verhaspeln, in alte Gewohnheiten, monotone Routinen und eine gewisse Art von Bequemlichkeit zurückzufallen. Deshalb empfiehlt es sich, zwei- bis viermal im Jahr im Team eine Metareflexion durchzuführen. In dieser nimmt man die Vogelperspektive ein und überlegt in der gemeinsamen Draufschau auf die laufenden Projekte: Sind wir im Hinblick auf unsere Vision noch auf Kurs? Sind wir ausgerichtet? Wo hakt es? Was sollten wir ganz grundsätzlich ändern? Brauchen wir andere Ziele? Meilensteine? Die Metareflexion hilft, sowohl sich auf das Wesentliche zu fokussieren als auch neue Themen spielerisch auszuprobieren und Impulse von außen aufzugreifen. Kurz: Luft reinlassen, Alltagsroutine durchbrechen, Blick weiten und wieder schärfen. Auch privat hilft dir der Blick aus der Metaperspektive: Stell dir vor, du schwebst über einer Art Tanzfläche oder Theaterbühne und betrachtest die Akteure von oben: Wo musst du mehr hinschauen? Wo mehr nachsteuern? Wo dich stärker und wo dich weniger engagieren?

42 Es gibt vom TÜV-Rheinland ein schönes Scrum-Video: Wie baue ich einen Spielplatz mit Scrum:https://www.youtube.com/watch?v=CQPfJMb1hE

SCRUM IN A NUTSHELL

INTERESSENSVERTRETER =
STAKEHOLDER + KUNDEN/NUTZER

15 MIN. DAILY
(TREFFEN)

KUNDEN/NUTZER,
STAKEHOLDER
+ SCRUM-TEAM

PRODUCT
VISION

COACH=
SCRUM
MASTER

NUR DAS
SCRUM-TEAM

PRODUCT
OWNER

= SCRUM TEAM
MAX. 9

DIREKT
DANACH:
NÄCHSTER
SPRINT

GESAMT-
VERANT-
WORTUNG

1. USER STORY
2. USER STORY
3. USER STORY

SPRINT

TADA

BACKLOG
(ALLE TO-DOS)

PLANNING
(SPRINT-
PLANUNG)

UMSETZUNGS-SPRINT
(EINE BIS MAX.
VIER WOCHEN)

REVIEW
(AUSLIEFERUNG DER
SPRINT-ERGEBNISSE)

RETROSPEKTIVE
(TEAM-
BESPRECHUNG)

AGILES MANIFEST UND THEORY Y

2001 veröffentlichten 17 Softwareexperten das sogenannte »Agile Manifest für Softwareentwicklung« im Internet. Es gilt allen Agilistas und den meisten New Workern als Leitschnur für ihr Handeln und stellt mit seinen vier Leitsätzen den Menschen und die zwischenmenschlichen Beziehungen in den Mittelpunkt aller Aktivitäten. Gleiches gilt auch für die zugehörigen zwölf Prinzipien, die ausdrücklich besagen, dass nichts über ein zwischenmenschliches Gespräch von Angesicht zu Angesicht geht.[43] Dazu gesellt sich die sogenannte Theory Y, die der US-amerikanische Managementprofessor Douglas McGregor bereits 1960 in seinem Buch *The Human Side of Enterprise* formulierte. Dieser Ansatz glaubt an die intrinsische Motivation des Menschen, der mit seiner Arbeit schöpferisch

43 https://agilemanifesto.org/iso/de/manifesto.html

201

etwas schaffen will und im Beruf nach Selbsterfüllung strebt. Im Gegensatz dazu steht die Theory X, die davon ausgeht, dass der Mensch von Natur aus unwillig und faul ist und deshalb einer starken Führung bedarf …

> **»Scrum ist wie deine Schwiegermutter, es weist dich auf ALLE deine Fehler hin.«**
> *Ken Schwaber, Entwickler von Scrum*

FUNKTIONIERST DU NOCH ODER SPIELST DU SCHON?

Warum fairen Playern die Zukunft gehört

> **»All the world's a stage,
> and all the men and women merely
> players.«**
>
> *Shakespeare, Dramatiker*

Warum hüpfen gestandene Manager plötzlich wie kleine Kinder durch den Raum und machen Spiele wie »Wip-Wap-Swooch«, »der Toaster« oder »der Samurai«? Warum gibt es jetzt für alles Playbooks? Und warum wird das Playful Business als unternehmerisches Zukunftskonzept gepriesen? »Spielen ist das neue Arbeiten«, sagt Zukunftsforscher Christian Schmidt.[44] Ups! Und meint damit nicht, dass wir jetzt alle pokernd oder mit der PlayStation in der Hand am Schreibtisch sitzen sollen. Nope! Es geht um spielendes Lernen und die Selbstvergessenheit im Spiel. Empathie, Zugewandtheit und Kooperation. Entdeckungsfreude, Experimentieren und Kreativität. Aha! Wer hat uns eigentlich gesagt, dass alles immer so ernst sein muss? Okay, wenn es um Menschenleben geht, um Gerichtsentscheidungen und Krisenmanagement – aber Bürojobs? Wollen wir da weiterhin nach angeblich sehr wichtigen Sitzungen mit angeblich sehr wichtigen Menschen und angeblich sehr wichtigen Themen angeblich sehr wichtige Protokolle produzieren? Wir wissen, dass die neue Arbeitswelt auch Schattenseiten haben kann. Keine Sorge, Dave Eggers' *The Circle* haben wir gelesen. Trotzdem schließen wir uns der Meinung des Londoner Star-Architekten Thomas Heatherwick an: Sogar Büros sollten aussehen wie gigantische Spielzimmer, nicht

44 https://www.redbull.com/de-de/theredbulletin/playful-business-tipps

wie funktionale Legebatterien.[45] In denen sich Mitarbeiter*innen aufladen mit Energie, Loyalität, Teamspirit für neue, frische Ideen.

> **» *Tue nichts, was du nicht aus spielerischer Freude heraus tust.* «**
> *Marshall B. Rosenberg, Psychologe*

Lass uns zusammen eine kleine, spielerische Gedankenreise machen. Es geht zu deinem Traumarbeitsplatz. Wie sieht er aus, wenn du dir aus allen Komponenten etwas herauspicken darfst: Stadt, Land, Aussicht, Möbel, Vorhänge, Leuchten, Equipment wie Sportgerät oder Yogamatte, Bilder und Farben an den Wänden, Essen, Getränke … Schließe die Augen und nimm dir zwei, drei Minuten Zeit dafür, bis alles so zusammengepuzzelt ist, wie

VERNETZT LEBEN UND ARBEITEN =
MIT ALLEN SINNEN!

KLASSISCHES KARTESISCHES MODELL,
KARTESISCHER DUALISMUS,
KARTESISCHER INDIVIDUALISMUS

EMBODIED-COGNITION-MODELL,
DYNAMISCH, INTERAKTIONISTISCH,
GANZHEITLICH, RESONANT

du es gerne hättest. Und dann stelle dir vor, wie dein Arbeitstag aussieht: Wann fängst du an, wann hörst du auf, gibt es einen Chef oder keinen, arbeitest du im Team oder alleine, überhaupt, wer sind deine Kollegen, woher kommen sie, welche Skills bringen sie mit, ist deine Familie in der Nähe oder finden Beruf und Privat in zwei getrennten Welten statt, welche Rolle spielen Incentives und Gehalt ... Lass alles, was du kennst los und lass alles, was du dir wünschst zu! Begib dich auf eine kleine wilde Gedankenreise. Wenn du ein klares Bild vor Augen hast, kehre langsam zurück und skizziere auf einem Blatt Papier, was du gesehen hast, draw like nobody is watching!

> »*Life is about invention, not survival. We are here to create, not to defend.*«
> *Margaret J. Wheatley, Myron Kellner-Rogers, Autor*in*

Wir lieben solche Gedankenreisen als spielerisches Tool. Sie sind meditativ und disruptiv zugleich. Sie lenken unseren Blick hin zu dem, was möglich ist. Denn was hält uns davon ab, an diesen Traumarbeitsplatz ernsthaft zu glauben? Neben all den veralteten Maßstäben, Vorgaben und mentalen Modellen, die irgendwann einmal gesetzt wurden und uns komischerweise immer noch leiten, liegen viele Möglichkeitsräume, die es zu entdecken gilt. Seien wir ruhig wieder neugierig. Für unser eigenes Lebensglück. Aber auch, weil Gesellschaft und Wirtschaft Menschen brauchen, die sich ausprobieren, neu erfinden und auf allen Ebenen Impulse setzen. Für neue, lebendigere, humanere Formen des Miteinanders, die noch immer jenseits unseres normalen Spielfeldes liegen. Bestehendes überwinden. Grenzen überwinden.

Ute: »Unternehmen sollten sich nicht fragen: Darf Veränderung Spaß machen? Sie muss sogar!«
Martina: »... es ist ja auch längst wissenschaftlich erwiesen, dass Lernen sich nachhaltiger im Gehirn verankert, wenn man Freude dabei empfindet – und Veränderung ist nichts anderes als ein kontinuierlicher Lernprozess ... besser: Spielprozess.«

> *»Im Anfängergeist gibt es*
> *viele Möglichkeiten,*
> *im Geist des Experten*
> *nur wenige.«*
> Shunryu Suzuki, Zen-Meister

Mit Spielen meinen wir nicht **Games**, in denen es nur Gewinnen oder Verlieren gibt. Sieg oder Niederlage. Leben oder Tod. Höher, weiter, schneller – auf Kosten aller anderen. Kein Miteinander. Kein Kompromiss. Keine Gnade. Finstere Miene zum finsteren Spiel. Es geht um **Play**, das wir aus Kindertagen kennen. Spielen um des Spielens willen. Gemeinsam etwas Neues schaffen. Mit einer inneren Haltung des Nicht-Wissens und Nicht-Kennens. Mit Offenheit, Neugier und einer Abwesenheit von Vorannahmen. Und mit dem Vertrauen, dass jeder gleichermaßen zum Zug kommt, sich alle aufeinander verlassen können, und wenn einer nicht mehr möchte, jederzeit aussteigen kann. Only fair play is good play. Wer hat uns all das eigentlich genommen? Und warum holen wir uns diese Qualitäten nicht wieder zurück in unser Leben? Zumal sich auch unter Neuro-biologen seit einiger Zeit die Erkenntnis durchsetzt, dass *das* Leitmotiv menschlichen Handelns nicht Konkurrenz ist, sondern Kooperation. So schreibt auch Joachim Bauer in seinem Buch *Prinzip Menschlichkeit*: »Kern aller menschlichen Motivation ist es, zwischenmenschliche Anerkennung, Wertschätzung, Zuwen-dung oder Zuneigung zu finden und zu geben.« Siegen und Ver-lieren ist nicht Ausdruck der primären Natur des Menschen, sondern im Gegenteil das Ergebnis einer Störung derselben! Ups!

> *» Es muss nicht immer brillant sein.*
> *Was passiert, ist, was passiert;*
> *ist das, was man geschaffen hat,*
> *ist das, womit man arbeiten muss.*
> *Zu lernen, wie man improvisiert,*
> *kann sogar so etwas*
> *wie eine Fähigkeit zum Leben sein. «*
> Anthony Frost und Ralph Yarrow, Autoren

Wie aber beginnen? Indem wir einfach das Spiel eröffnen und andere einladen, sich uns anzuschließen. Mit viel Freude im Her-zen, was sich alles daraus entwickeln kann. Wie wäre es zum Reinkommen mit einem einfachen Impulsspiel, bei dem man sich mit seinen Kolleg*innen einen imaginären Ball mit einem Geräusch zuwirft. Zisssssssch, rumsssssss, fup. Verändert nicht gleich die Welt. Wissen wir. Kostet Überwindung. Wissen wir auch. Business war schließlich immer Business, und Spaß war Spaß. Doch wenn man sich einen Ruck gibt und darauf ein-lässt, befreit Spielen den Kopf. Inspiriert. Hilft gegen Verklem-mungen. Verbindet. Und macht Lust auf mehr. Martina kann das bestätigen. Auch Schauspieler*innen haben Blockaden, sind mitunter scheu und voller Scham. Bei der Aufnahmeprüfung zur Leipziger Schauspielschule musste sie vor den Sprecherzieher*innen auf dem Boden hin- und her rollen und stöhnen. Den Atem kommen lassen, nennt man das im Fachjargon. In Martina ging ein ganzes Feuerwerk los an inneren Kommentaren und Fluchtfantasien: Ich kann das nicht. Ich will das nicht. Was mache ich eigentlich hier??!! Doch sie wollte den begehrten Studienplatz unbedingt. Also weg mit dem inneren Zensor, sich einlassen und vor allem in den Moment vertrauen. Niemand wird mir hier einen Strick draus drehen. Heute muss sie sich immer noch überwinden, wenn sie beispielsweise vor laufender Kamera eine Puffszene spielen muss. Doch wenn sie zusammen mit ihren Kolleg*innen im Spiel versinkt, treten die eigenen Befindlichkeiten in den Hintergrund. Alles klingt, alles schwingt. Neues entsteht. Wird möglich.

Martina: »Für mich ist SchauSPIELEN die ultimative Freiheit. Der Moment, wenn eine Rolle durch dich anfängt, zu spielen, ist immer magisch, dafür habe ich fast keine Worte. Auch wenn ich andere zum Spielen bringe, diese Kraft, Energie und Freude, die sich dann freisetzt, die verzaubert mich immer wieder neu. Jedes SPIEL macht einen reicher im Erleben und weitet die Sicht auf die Welt. Ich mag das.«

Noch immer nicht überzeugt? Zwei Karten können wir noch ausspielen. Ja! Friedrich Schiller schrieb in seinen Briefen über die ästhetische Erziehung des Menschen: »Der Mensch spielt nur, wo er in voller Bedeutung des Wortes Mensch ist, und er ist nur da ganz Mensch, wo er spielt.« Und auch der amerikanisch-ungarische Psychologe und Philosoph Mihály Csíkszentmihályi befasste sich im Rahmen seiner Flow-Forschungen intensiv mit dem Spiel und kam zu dem Schluss: »Wenn der Mensch spielt, ist er im Vollbesitz seiner Freiheit und Würde. Wenn wir herausfinden könnten, was das Spielen zu einer derart befreienden und belohnenden Aktivität macht, kämen wir in die Lage, dieses Wissen auch außerhalb des spielerischen Rahmens anzuwenden.« Wir begeben uns jedenfalls schon mal mit auf Spurensuche – und laden jede und jeden ein, uns zu begleiten.

> **»Echte Hingabe an eine Sache ist nur mit Freiheit möglich.«**
> Maria Montessori, Pädagogin

 # SPIELEN NACH KEITH JOHNSTONE

Keith Johnstone ist Dramaturg, Regisseur, Autor und Schauspiellehrer und der Begründer des modernen Improvisationstheaters. Laut Johnstone besitzt jeder Mensch Kreativität und Spontaneität. Diese Fähigkeiten gehen durch Erziehung und Sozialisation zwar verschütt, lassen sich durch Übungen und kreative Leitfäden aber spielerisch reaktivieren. Wichtige Regeln und Tipps sind:

- Wach und flexibel im Moment sein.
- Aufmerksam das Umfeld beobachten.
- Aufmerksam zuhören.
- Den inneren Zensor beiseitelegen.

- Mitspielen und vertrauen.
- Einsatz an den Tag legen, hundertprozentig dabei sein.
- Den Partner unterstützen und gut rüberkommen lassen.
- Üben. Üben. Machen. Machen.

Wenn es gar nicht klappen will, gibt es noch die spielerische Behauptung: Wir gehen über eine stachlige Wiese. Wir sitzen alle zusammen am Strand. Der imaginäre Ball ist eine Feuerkugel aus dem All ... versetzt einen sofort in eine ganz bestimmte Stimmung, nimmt den Dingen die Schwere und bringt dich und deine Mitspieler ins »einfach mal Machen«.

ALLTAGSCHECK

Wir sind im Alltag sehr durchgetaktet. Rasen hierhin und dorthin, arbeiten unsere To-Do-Liste ab, kurzum: Wir funktionieren! Der Mensch, ein Uhrwerk! Übertrieben? Dann überleg mal. Wann hast du das letzte Mal Quatsch gemacht? Herumgealbert? Spaß und Freude erlebt? Etwas gemacht, was du zuvor noch nie gemacht hast? Möglichkeiten gibt es zuhauf, um aus der Routine auszubrechen: Mit dem Partner um die Wette ins Bad rennen. Mal wieder unter der Dusche singen. Sich morgens zwei Minuten auf einen Stuhl stellen, bevor der Alltag einen ergreift. Mit der Kassiererin an der Tanke flachsen. Kissenschlacht, mitten am Tag, einfach so. Meckern wie eine alte Theaterdiva in ihrem allerletzten Bühnenstück. Beim Abendessen einen Witz erzählen. Mit der Freundin zum Swing-Tanzen gehen, anstatt wie sonst immer auf dem Sofa abzuhängen. Nimm dir am besten gleich für heute noch ein, zwei, drei Momente vor, die du spielerisch angehen willst. Notiere sie in deinem Terminkalender oder auf Post-its. Und mach diese Übung am besten ab jetzt jeden Tag.

 ## SPIELIDEEN IM NETZ

Es gibt inzwischen viele Spielbücher wie *Agile Spiele – kurz und gut* oder *Gamestorming: A Playbook for Innovators*. Doch auch im Netz wirst du inzwischen fündig. Wir empfehlen die Seiten der internationalen Business School Hyper Island: https://toolbox.hyperisland.com/ und die Liberating Structures von Keith McCandless und Henri Lipmanowicz, die du ausführlich auf der Internetseite der Hamburger Communityplattform findest: https://www.liberatingstructures.de/.

MIX 'N' MATCH

Über die Macht diverser Teams und gemeinsamer Visionen

> **»Wenn du schnell gehen willst,**
> **dann gehe allein.**
> **Wenn du weit gehen willst,**
> **geh mit anderen.«**

Pamela Owusu-Brenyah, Festival-Organisatorin, DJ

»I'll show you something! You'll like it!« Ute war gerade beruflich zu ihrer internationalen Arbeitsgruppensitzung in Helsinki gelandet, da packte ihre finnische Kollegin Suvi sie unter den Arm und zog sie durch die Stadt. Es war dunkel, kalt, und kleine Schneeflocken rieselten sanft auf den Boden. Nach zwei Kilometern Marsch bogen die beiden schließlich um eine der vielen Ecken, und Suvi deutete auf ein riesiges, längliches Gebäude, das sich hell erleuchtet vor ihnen erstreckte. Ups! »That's Oodi!«, rief sie enthusiastisch. »Oodi?« Ute runzelte die Stirn. »Our new library!« Eine Bibliothek, nun ja. Sie gingen um das Gebäude herum, und ein riesiges, gläsernes Eingangsportal tat sich auf. Ute ahnte, das hier ist keine normale Bibliothek. Zusammen mit Suvi nahm sie die Treppe in den ersten Stock und hielt kurz vor dem Schild mit den Hausregeln inne: Dies ist ein »Hybrid Open Living Space«. Zum Austausch von Ideen und Kreativität. Herumhängen erlaubt, ja ausdrücklich erwünscht. Aha! Rassismus und Diskriminierung haben keinen Platz in dieser Bibliothek. Erinnere dich daran, wenn du mit anderen interagierst. Cool! Ute strahlte, Suvi strahlte: »I knew you would like it!« Und wie. Es war mit Abstand das Beste, was Ute an New- und Co-Working-Spaces gesehen hatte. Eine riesige Bibliothek gemixt mit einem kreativen, offenen public space. »Unser zweites Wohnzimmer«, nennen die Helsinkier ihren neuen Lieblingsplatz in der Stadt. Inklusive Co-Working-Büros, Kunstausstellungen, einem Maker-Space mit Nähmaschinen, 3-D-Druckern, Hörspiellabor, Grafikcomputern, Plottern, Strick- und Nähecken, einem Café, Spielecken und Konferenzräumen. Dazu eine Theaterbühne und ein riesiger, offener Bibliothekssaal, dessen Ecken halb als Leseorte, halb als Debattier- klubs genutzt werden. 8000 Menschen strömen im Durchschnitt täglich in die Bibliothek, manchmal sogar bis zu 20000. Eine Stadt in der Stadt. Wow.

Oodi ist für uns zum Sinnbild für eine erstrebenswerte Zukunft geworden:

- ein Think-and-Work-Space, offen, einladend, inklusiv;
- eine kreative Mischung aus überwiegend analogen und ein paar digitalen Tools;
- ein zivilisierter, freundlicher Ort des Wortes, der Geschichten und der Geschichte, der Kunst und Kultur, vor allem aber der zwischenmenschlichen Begegnungen.

Überhaupt ist Helsinki mehr als einen Blick wert. Die Stadt strebt danach, eine »Modellstadt der Vielfalt« zu werden, und möchte Menschen allen Alters, unterschiedlicher Herkunft und unterschiedlicher Fähigkeiten und Professionen in die Stadtentwicklung aktiv einbinden und vielfältige Arbeitsplätze schaffen – auch

Brand New Helsinki, eine Art Bürgerbewegung, klingt spannend und passt zu der Lebendigkeit, die man schon heute in der Stadt spürt. Tagsüber gibt es Lesungen in Buchläden. Abends Konzerte in Bars und Restaurants. Alles ohne Eintritt oder die Verpflichtung, groß essen, trinken, kaufen zu müssen. Und überall Menschen in den unterschiedlichsten Looks. Colour-Blocking neben Rocker-Outfit neben Tweed-Dandy. Nix Normcore! Sondern Bohemian-Style, je ausgefallener desto besser.

>>*Diversity: The art of thinking independently together.*<<
Malcolm Forbes, Verleger

Solch ein Mix 'n' Match ist sind für Innovationen unabdingbar, die meisten Neuerungen entstehen erst durch dieses Zusammenbringen ganz unterschiedlicher Komponenten – wie auch unser Buch. Wir beide lernten uns durch Zufall auf einer Party kennen und dachten bei der ersten Begegnung: Martina, Schauspielerin aus Berlin-Mitte, Waldorf-Schülerin, »bestimmt sehr öko und egozentrisch«; Ute, Angestellte bei einer Lotteriegesellschaft aus der westfälischen Provinz, Business Woman, »bestimmt sehr bieder und langweilig«. Zwei Frauen aus zwei unterschiedlichen Welten, die sich vermutlich nicht viel zu sagen haben. Da haben wir uns ganz schön getäuscht. Je mehr Ute von ihren neuen Arbeitsmethoden erzählte, desto mehr wurde klar: Beweglichkeit? Hineinspüren? Antizipieren? Arbeiten

216

in Rollen? Ausprobieren? Experimentieren? Feedback? Selbst-reflexion? Offenheit? Kommunikation? Das Leben als Lernpro-zess? Als Schauspielerin macht Martina das quasi täglich, auf der Bühne, in ihrer Arbeit als Dozentin, aber auch im echten Le-ben. Und so stand ziemlich schnell fest, dass wir etwas gemein-sam machen wollen. Innovation meets Schauspiel. Weil das die Chance in sich birgt, unseren jeweiligen Fokus zu erweitern. Wir sind froh, den glücklichen Zufall in unserem Leben genutzt zu haben. Ja!

Martina: »Immer wenn man einen Perspektiv-wechsel vollzieht, gelingt einem nicht mehr so richtig die Einteilung in Schwarz oder Weiß, Richtig oder Falsch, Gut oder Böse. Wer sich auf andere Perspektiven einlässt und sie zulässt, erkennt, dass es diverse Wahrnehmungen und diverse Wahrheiten gibt.«

Solche glücklichen Zufallsbegegnungen nennt man auch Serendipität. Viele Erfindungen gehen darauf zurück. Teflon zum Beispiel. Oder Penicillin. Rönt-genstrahlen. Cornflakes. Post-its-Zettelchen. Kann man darauf warten. Kann man aber auch för-dern. Wie Google mit seinen Microkitchens. So heißen die Snackbars bei dem Tech-nologiegiganten, von denen es Dutzende geben soll. Damit sich Mitarbeiter aus den un-terschiedlichsten Abteilungen begegnen und bei ei-nem Kaffee zwischendurch austauschen. Was machst du, was mach ich, da fällt mir etwas ein, hast du schon davon gehört …

Wir wollen jedoch nicht das Hohelied auf Diversität singen, ohne darauf hinzuweisen, dass Diversität auch ganz schön anstrengend sein kann. Sie erfordert echtes Commitment und die Bereitschaft, seine Sicht zurückzustellen, sich vom Gegenteil überzeugen zu lassen, Dinge auf den Kopf zu stellen. Oder wie Janina Kugel als Personalvorständin von Siemens es in einem Interview mit dem Magazin für digitales Business *t3n* treffend formulierte: »Mein Team ist sehr divers. Und ja: Das ist nicht immer einfach. Zum Teil wusste ich schon bei der Auswahl: Diese Person wird mich unendlich Nerven kosten. Aber ich wusste eben auch: Der Grund dafür ist, dass sie anders ist als ich und auf Dingen beharren wird, die nicht zu meinen Präferenzen gehören. Also wird es sich lohnen. Und unsere Ergebnisse geben dieser Herangehensweise recht.« Es ist längst erwiesen, dass diverse Teams besser performen als homogene – und im Gegenzug dazu Herdendenken, der sogenannte Groupthink Bias, zu schlechteren. Deshalb gilt in vielen Unternehmen inzwischen auch der Leitsatz: »Don't hire yourself!«

> **»Von einem Menschen,**
> **der so ist wie ich,**
> **kann ich nichts lernen.«**
> *Elie Wiesel, Schriftsteller*

Martina kann diesen Satz nur unterschreiben. Ein Theaterstück, ein Kinofilm, ein Hörspiel lebt von unterschiedlichen Charakteren. Und gerade anstrengende Kolleg*innen können ein regelrechter Kreativitätsboost sein. Nicht nur weil sie Spannung im Team erzeugen und dadurch die Amplitude im Spiel nach oben treiben – durchaus auch für die Zuschauer*innen ein Gewinn. Sondern weil sie es sind, die einen herausfordern, sich mit sich selbst auseinanderzusetzen und klar Position zu beziehen: Was ist mir wichtig? Wofür stehe ich ein? »In der Andersartigkeit meine Kolleg*innen liegt ein enormes Potenzial, mich künstlerisch zu entfalten, die eigene Rolle nach vorne zu bringen«, sagt Martina dazu, »gemeinsam ist man immer brillanter als nur alleine.« Wichtig: So bereichernd es auch ist, sich bei der Arbeit gemeinsam in Höhen zu schrauben, die Eigenheiten der Kolleg*innen spielerisch zu nutzen – man muss weder die Pausen permanent zusammen verbringen, noch sich immer privat gut verstehen! Hier gilt ausnahmsweise tatsächlich mal Dienst ist Dienst und Schnaps ist Schnaps. Es geht um die Sache. Das nimmt Druck, macht locker und frei.

Insofern: Lasst uns auf allen Ebenen mehr Begegnung ermöglichen. Unter anderem durch lebendige Plätze des warmherzigen, kultivierten, interdisziplinären, berufsübergreifenden und diversen Miteinanders inmitten unserer Städte, Universitäten, Organisationen und Unternehmen. Um gemeinsam in einen kontinuierlichen, evolutionären Modus zu kommen und uns adaptiv (nachahmend) und iterativ (schrittweise) weiterzuentwickeln, nicht in einem revolutionären! Die Betonung liegt auf gemeinsam. Um alle mitzunehmen. Aber auch, um Vordenker, Querköpfe oder Dauerregelbrecher davor zu schützen, sich zu verrennen, auszubrennen. Denn wie W. Edwards Deming 1993 auf einem Seminar in Phoenix sagte: »A bad system will beat a good person every time.«[46] Und das produziert auf Dauer nur Frust.

> »*Change your life today.*
> *Don't gamble on the future,*
> *act now, without delay.*«
> *Simone de Beauvoir, Philosophin*

219

Was jedoch nicht bedeutet, dass nicht jeder Einzelne von uns gefragt ist. Im Hinblick auf Diversität bist du selbst dein wirkungsmächtigstes Tool: Gehe heute einfach mal einen anderen Weg als gestern! Auch das bedeutet divers! Und mit jedem anders, und sei es auch noch so klein, erhöhst du Vielfalt. Durchbrichst alte Muster. Lässt Dinge zu. Intervenierst. Etablierst. Und sprichst im besten Fall unterschiedlichste Sinne an. Vielleicht ist das mit das Wichtigste in unserer zunehmend digitalisierten Welt. Uns auf das zu besinnen, was wir Menschen im Gegensatz zu Robotern sind.

Ein hochkomplexer Mix 'n' Match aus Verstand und Emotion, Kopf und Bauch, Herz und Hand. All diese Ebenen sollten wir ansprechen. Zum Beispiel, indem wir unsere Zukunftsvision aus Styropor, Holz oder Ton basteln. Gestalten mit allen Sinnen. Nicht nur sehen und hören – wie so oft –, sondern auch schmecken, riechen und vor allem tasten. Ganzheitlich im wahrsten Sinne des Wortes und frei nach Richard Sennetts Motto: »Making is thinking!« Gilt für uns im Übrigen auch für unsere Kinder. iPad-Klassen und Programmieren lernen im Kindergarten – okay. Doch genauso relevant, wenn nicht relevanter, ist die Förderung all dessen, was unsere Kids von Computern unterscheidet: Gefühle, Wertempfinden, Moral, freier Wille, Bewusstsein, Seele. Selbst Jack Ma, Gründer der chinesischen Handels- und Kommunikationsplattform Alibaba, mahnte 2018 auf dem Weltwirtschaftsforum in Davos: »Wir können unseren Kindern nicht beibringen, mit Maschinen zu konkurrieren. Maschinen sind schlauer. Kinder sollten etwas Einzigartiges lernen. Dann können Maschinen sie nicht einholen.« Den Grundstein dafür legen wir mal wieder: Jetzt!

 Ute: »Neulich habe ich gesagt, dass Beethoven ja einen ganz schönen Outcome hatte. Meinen Mann hat das regelrecht angewidert. Schon krass, wie sehr die Wirtschaft inzwischen unser gesamtes Leben beeinflusst.«
Martina: »Dabei sollte es doch genau umgekehrt sein!«

KONFLIKTE ERKENNEN UND IM JA BLEIBEN

In Teamarbeit, in Freundschaften und Beziehungen gibt es immer auch Konflikte. Sie sind Teil des Prozesses und nicht schlimm, wenn man sie früh erkennt, sich ihnen stellt und konstruktiv damit umgeht. Unser Tipp: Konflikte als Impulse und Energielieferanten betrachten! Nicht aus dem Weg gehen, sondern klar und möglichst schnell benennen.
Um keine Schweigespirale in Gang zu setzen oder gar Elefanten zu züchten. Als »Elefant im Raum« bezeichnet man einen allseits bekannten Konflikt, den niemand anspricht und der dadurch allen die Luft zum Atmen nimmt. Ein echter »pain in the ass«.
In der Konfliktforschung gibt es verschiedene Arten von Konflikten. Heiße Konflikte, kalte Konflikte und Stellvertreterkonflikte.[47]
Heiße Konflikte erkennt man daran, dass offen und sehr hitzig um

47 Friedrich Glasl: Heiße und kalte Konflikte in Organisationen. Stuttgart 2002

221

ein Thema gestritten wird. Sie sind gekennzeichnet durch: hohe Emotionalität, direkte Konfrontation, Überaktivität, Ignorieren von Regeln und Vereinbarungen, das Durchsetzen der eigenen Vorstellungen.[48] Vorboten heißer Konflikte sind: Augen verdrehen, den anderen in seiner Argumentation »abwürgen«, genervtes Aufstöhnen. Heiße Konflikte sind hoch emotional und mitunter verletzend, haben jedoch den Vorteil, dass sie für alle nachvollziehbar sind und meistens durch ein reinigendes Gewitter gelöst werden können. Abwarten oder versuchen, die Großwetterlage aufzuheitern, zum Beispiel mit dem Satz: »Ich erkläre dir, wo ich stehe, was ich brauche und was ich möchte. Und ich versuche zu verstehen, wo du stehst, was du brauchst und was du möchtest.«

Kalte Konflikte sind schwieriger und zerstörerischer, weil hier Unterdrückungsmechanismen, Reflexe und Impulse wirken, die die Konfliktpartner*innen oft schon in Kindertagen erlernt haben. Sie sind schwer zu durchschauen und schwer zu durchbrechen. Kalte Konflikte sind gekennzeichnet durch: Sarkasmus und Zynismus, Dienst nach Vorschrift, formelle Umgangsformen, unterdrückte und wenig sichtbare Emotionen, Sich-aus-dem-Weg-Gehen, Vermeiden von Meinungsverschiedenheiten, Sabotage, Blockade, Verzögerung. Gespräche alleine reichen in der Regel nicht aus, oft ist externe Hilfe nötig.

Stellvertreterkonflikte, dahinter verbirgt sich meist ein ganz anderer Konflikt oder ein unausgesprochenes Bedürfnis. Anstatt es direkt anzusprechen, verheddert man sich im Kleinklein, streitet zum Beispiel über die berühmte Zahnpastatube oder die Haare im Waschbecken. Die Frage »Wozu streiten wir, wo wollen wir zusammen hin?« kann ein erster Schritt raus aus dem Konflikt sein, sich auf das Eigentliche zu fokussieren: Was willst du mir wirklich sagen?

48 Judith Andresen: Agiles Coaching. Die neue Art, Teams zum Erfolg zu führen. Hanser Verlag, München 2019.

49 Alfie Kohn: *Liebe und Eigenständigkeit. Die Kunst bedingungsloser Elternschaft, jenseits von Belohnung und Bestrafung.* Arbor Verlag, Freiburg 2010

Für Martina hat sich durch das Buch *Liebe und Eigenständigkeit*[49] ihre Einstellung zu Konflikten grundlegend verändert. Darin beschreibt der US-amerikanische Psychologe Alfie Kohn anhand umfassender Forschungsergebnisse, welchen immensen Schaden die Erziehungsmethode des Belohnens und Bestrafens oder gar Liebesentzug anrichten können. Seine Empfehlung: Auch wenn man noch so sauer ist, verletzt und getroffen, sollte man versuchen, im »Ja« zu bleiben. Also in der positiven, emotionalen Verbindung, in der man zu seinem Kind steht. Dieses »im Ja bleiben« lässt sich letztlich auf alle Beziehungen und Konfliktsituationen übertragen und nimmt ihnen die Schärfe und Destruktivität.

KONSENT VERSUS KONSENS

Nur ein Buchstabe unterscheidet die beiden Begriffe – und doch ist es eine völlig andere Art und Weise, Entscheidungen zu treffen. Beim Konsens diskutieren die Mitglieder eines Teams so lange, bis alle einverstanden sind. Beim Konsent gilt eine Entscheidung, wenn keines der Teammitglieder ein wirklich fundamentales Veto einlegt. Kurz:

Konsens ist, wenn alle dafür sind;

Konsent ist, wenn keiner dagegen ist.

Der Unterschied liegt nicht nur darin, dass der Konsent schneller zu erzielen ist, gerade in gemischten Teams. Er läuft auch nicht Gefahr, dass er inhaltlich auf den kleinsten gemeinsamen Nenner reduziert oder gleich zu Tode diskutiert wird. Wichtig zu wissen: Ein Konsent ist nichts für die Ewigkeit. Sondern gut genug für jetzt und sicher genug, um die Schritte, die sich daraus ergeben, auszuprobieren. Motto: Einlassen, zulassen, los.

EXKURS: VISION NACH PETER SENGE

Damit wir uns in unserem Mix 'n' Match und in unserer Vielfalt nicht verlieren, brauchen wir eine starke gemeinsame Vision. Oder etwas kleiner gedacht: eine Sache, eine Problemstellung, die uns anspornt und ausrichtet. Für Managementexperte Peter Senge ist eine Vision sogar überlebenswichtig, »weil sie den Schwerpunkt und die Energie für das Lernen liefert. Während adaptives Lernen auch ohne Vision möglich ist, geht schöpferisches Lernen nur, wenn Menschen nach etwas streben, das ihnen wahrhaft am Herzen liegt.«

Aus Senges Buch *Die fünfte Disziplin* ist auch das Bild mit dem Gummiband. Je stärker eine Vision uns nach vorne zieht, desto größer ist die Chance, dass wir unsere Zweifel, Glaubenssätze und

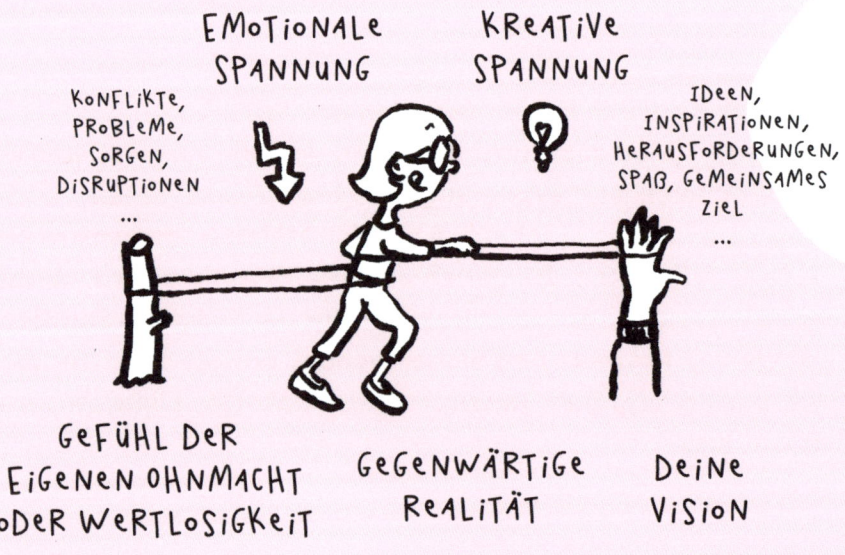

VISION =
MIT SPANNUNGEN KONSTRUKTIV ARBEITEN

EMOTIONALE SPANNUNG

KREATIVE SPANNUNG

KONFLIKTE, PROBLEME, SORGEN, DISRUPTIONEN ...

IDEEN, INSPIRATIONEN, HERAUSFORDERUNGEN, SPAß, GEMEINSAMES ZIEL ...

GEFÜHL DER EIGENEN OHNMACHT ODER WERTLOSIGKEIT

GEGENWÄRTIGE REALITÄT

DEINE VISION

unbewussten Überzeugungen (ich kann das nicht, ich darf das nicht, ich muss doch …) überwinden können – die uns wie ein zweites Gummiband in die entgegengesetzte Richtung ziehen, uns zurückhalten.

Interessanterweise hat so eine Vision auch den Effekt, dass auf persönlicher Ebene über Unterschiede gar nicht mehr so groß gesprochen, ja nachgedacht wird, das erleben wir im Schauspiel genauso wie in Teamprojekten. Die Spannung ist fast greifbar und führt gerade in Verdichtungsprozessen dazu, dass Menschen gemeinsam über sich hinauswachsen.

Wie erstellst du nun eine Vision? Das kann eine einfache Gedankenreise sein, wie wir sie im Kapitel »Funktionierst du noch oder spielst du schon?« vorgestellt haben. Oder eine Postkarte aus der Zukunft, das Cover des *Time Magazine* mit deinem Gesicht darauf, ein inspirierender Name für dein Team oder einfach nur eine persönliche Tageshymne, die dich an deine Vision erinnert und antreibt. Probiere es aus! Starte mit deinem Song in den Tag, tanze dazu, spüre deinen Atem, alle deine Muskeln, Fasern und Knochen. Du wirst merken, wie sehr dich allein diese kleine Mini-Vision für den Tag ausrichtet.

Peter Senge machte vor 30 Jahren den Begriff der lernenden Organisation bekannt und zählt zu den einflussreichsten Managementvordenkern unserer Zeit. Er studierte Luft- und Raumfahrttechnik sowie Philosophie an der Stanford University in Kalifornien. Gründete die Society of Organizational Learning, ist bis heute Senior Lecturer of Behavioral and Policy Sciences am MIT, zudem Autor zahlreicher Bücher und Artikel.

WARUM DIVERSE TEAMS EINE AUSRICHTUNG BRAUCHEN:

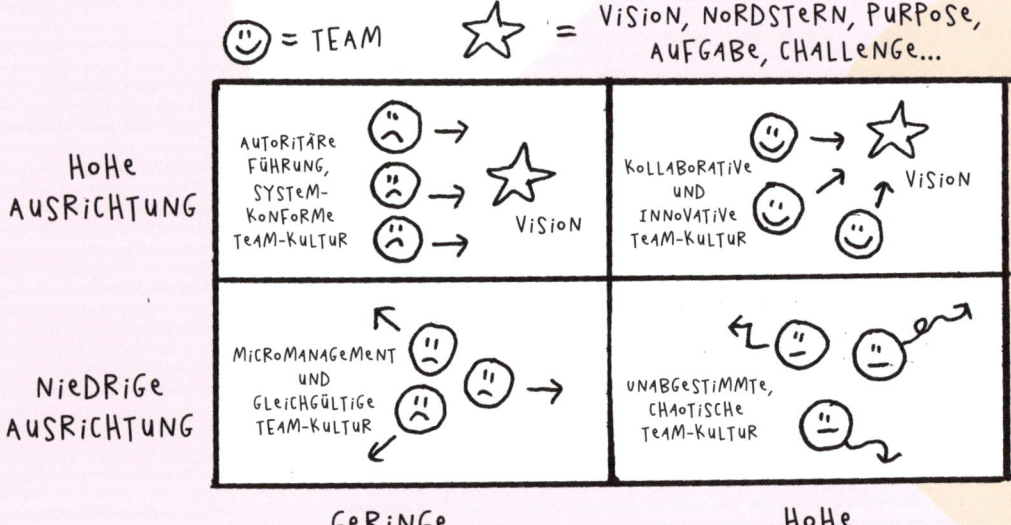

☺ = TEAM   ☆ = VISION, NORDSTERN, PURPOSE, AUFGABE, CHALLENGE...

HOHE AUSRICHTUNG

AUTORITÄRE FÜHRUNG, SYSTEM-KONFORME TEAM-KULTUR

KOLLABORATIVE UND INNOVATIVE TEAM-KULTUR — VISION

NIEDRIGE AUSRICHTUNG

MICROMANAGEMENT UND GLEICHGÜLTIGE TEAM-KULTUR

UNABGESTIMMTE, CHAOTISCHE TEAM-KULTUR

GERINGE SELBSTVERANTWORTUNG   HOHE SELBSTVERANTWORTUNG

(NACH DEM "HIGHLY ALIGNED, LOOSELY COUPLED" - KONZEPT VON NETFLIX, SPOTIFY...)

Martina: »Wenn wir uns jetzt nicht positionieren, dann werden wir positioniert, das gefällt mir bei dem Peter Senge so gut.«
Ute: »Besonders angenehm lesen sich die dystopischen Zukunftsprognosen der digitalen Zukunft jedenfalls nicht! Da will ich definitiv nicht hineinpositioniert werden, sondern lieber ein optimistisches Zukunftsbild mitgestalten.«

MIT DEM WUNDER SPIELEN

Und jetzt gemeinsam! Wie wir mit positiven Dynamiken die Welt verändern

> **» Zweifeln Sie nie daran, dass eine kleine Gruppe engagierter Menschen die Welt verändern kann. Tatsächlich ist dies die einzige Art und Weise, in der die Welt jemals verändert wurde. «**
>
> *Margaret Mead, Sozialanthropologin*

Können mehrere Tausend Menschen gemeinsam ein Flugzeug steuern? Unmöglich? Nicht unmöglich! Ups! Beamen wir uns zum Abschluss nach Las Vegas. Es ist das Jahr 1991, und Loren Carpenter, Experte für Computergrafik, steht mit 5000 Kolleg*innen aus aller Welt in einem riesigen, abgedunkelten Auditorium. Alle halten ein Schild in der Hand, das aussieht wie ein kleines Paddel, das mit der einen Seite in grüne und mit der anderen Seite in rote Farbe getunkt wurde. Die Teilnehmer*innen finden

schnell heraus, dass die Schilder in ihrer Hand, die Kameras an der Decke und die Leinwand vor ihnen irgendwie miteinander verbunden sind. Und so geht es, als ein weißer Ball auf der Leinwand auftaucht mit zwei Balken am rechten und linken Rand, auch gleich zur Sache: Let's play Pong together – das älteste Videospiel der Welt. Ohne große Übung kicken die Teilnehmer*innen den Ball hin und her, je mehr grüne Schilder nach vorne zeigen, desto stärker fliegt er nach oben, je mehr rote, desto stärker nach unten. Aha!

Nach ein paar Runden taucht auf der Leinwand das Cockpit eines Flugzeugs auf. Wieder erfassen die Teilnehmer schnell, was zu tun ist. Die rechte Hälfte des Saales steuert mit ihren Schildern das Höhenruder, die linke Hälfte das Seitenruder. Vor ihnen liegt die Landebahn als winziger Strich zwischen zwei Hügeln. Beim ersten Versuch schlingert die Maschine. Unruhe bricht aus. »Rot, Rot, mehr Rot«, ruft die rechte Saalhälfte und reckt die Karten in die Luft. Mit »Grün, Grün, mehr Grün« versucht die andere Saalhälfte, das Manöver auszugleichen. Das Flugzeug schwankt und torkelt, ein Flügel droht den Boden zu touchieren, doch kurz vor dem Aufprall reißen die Menschen gemeinsam den Flieger in die Höhe. Er dreht eine Linkskurve, fängt sich. Erleichterung macht sich breit. Euphorie. Niemand hat im Raum das Sagen, und trotzdem setzen die Teilnehmer*innen im richtigen Moment auf die richtige Farbe. Plötzlich erfasst ein unausgesprochener gemeinsamer Gedanke die Menge. Ohne sich abzusprechen in einem mystischen Moment liegt die Möglichkeit eines Loopings in der Luft. Ja! Vergesst die Landung, da geht noch mehr! Wie von Zauberhand drehen sich grüne und rote Karten zur Kamera. Die Maschine steigt nach oben, immer steiler und steiler, überschlägt sich und fliegt dann seelenruhig weiter. Die Teilnehmer*innen springen aus ihren Stühlen. Standing Ovation. Was für ein Gefühl!

> **» You can form a planetary consciousness. «**
> Alvin Toffler, Futurologe

Aus unserer Sicht ist Carpenters Looping-Experiment nicht nur ein besonders beeindruckendes Beispiel dafür, dass wir nicht Jahre und Jahrzehnte warten müssen, bis Menschen sich gemeinsam organisieren und Unmögliches möglich machen. Es ist für uns auch eine Blaupause für Jetzt-alle-zusammen, weil es uns vor Augen führt, was es dafür braucht:

- Wir alle wissen, was Sache ist, und genau deswegen braucht es danach wenig Worte. Weil wir alle intuitiv erfassen: Der Moment zu handeln ist nicht morgen, nicht in fünf Wochen und auch nicht in drei Jahren, sondern genau: Jetzt!
- Wir alle sind gleichermaßen gefragt und verstehen uns als Mitgestalter*innen. Nicht nur jeder Beitrag zählt irgendwie. Sondern jeder Beitrag ist essenziell, relevant und gleich wichtig.
- Wir gehen es spielerisch an. Denn nur so machen wir uns frei von Skepsis und Angst, überwinden Grenzen und entwickeln neue Perspektiven.
- Sobald wir ins Handeln kommen, wird uns automatisch bewusst, was alles möglich ist. Und daraus ergibt sich für uns alle eine inspirierende Vision: Da geht noch mehr, das können wir besser, das können wir toppen!

> *»Emergenz ist die Art und Weise,*
> *wie komplexe Systeme und Muster*
> *aus einer Vielzahl von relativ*
> *einfachen Interaktionen entstehen.«*
> Nick Obolensky, Managementcoach

Klar: Wir stehen nicht in Las Vegas, um miteinander eine lustige Partie Pong zu spielen und danach zurück in unseren Alltag zu kehren. Wir wollen wie anfangs geschrieben schon mehr! Uns von alten, funktionalen und kompetitiven Denkmustern und Paradigmen lösen, die uns die Luft zum freien Atmen nehmen. Probleme von anderen Seiten betrachten, weil die Antworten von heute schon jetzt nicht mehr passen. Und eine schnellstmögliche Weiterentwicklung in Richtung mehr Miteinander, mehr Menschlichkeit, mehr Nachhaltigkeit. Doch dafür braucht es dieselben vier Punkte. Und darüber hinaus ein klares Bekenntnis zu dem, was wir seit Jahren und Jahrzehnten viel zu oft ignoriert, missachtet, gar unterdrückt haben: Alles hängt mit allem zusammen. Und im Kleinen, ja im Allerkleinsten bilden sich neue Muster heraus, die Einfluss nehmen können auf das große Ganze. Wenn wir sie denn begrüßen, unterstützen und positiv verstärken. Nennt sich Emergenz, was so viel bedeutet wie auftauchen. Manchmal wie aus dem Nichts. Ratzfatz.

 **Ute: »Negatives Feedback und repressive Loops, Gejammere, dienen dem Erhalt des Status quo! Wir sollten sie als Upse nutzen und jedes Mal benennen.«**
Martina: »Und jede Veränderung in Richtung Gleichberechtigung, Diversität, Transparenz, Nachhaltigkeit durch positives Feedback verstärken.«

231

Diese Emergenzen findest du überall, und sie lassen uns immer wieder staunen! Betrachten wir nur mal einen Mückenschwarm in der Sonne: Warum tanzen da immer wieder einzelne Mücken aus der Reihe und kurze Zeit später schließen sich ihnen all die anderen an? Genauso ist es mit Hypes und kulturellen Phänomenen, die auf fast wundersame Weise zur richtigen Zeit unseren Nerv treffen, uns ermutigen, empowern und entspannen: Tarana Burkes #MeToo, das uns als millionenfach geteilter Hashtag das Ausmaß sexueller Belästigung zumindest erahnen ließ. Die HeForShe-Kampagne, die mit Emma Watson und Simon Pegg für Gleichberechtigung kämpft – mit Frauen und Männern Seit an Seit. Lustige Memes wie »Sync up«, das auf humorvolle Weise das Phänomen der Perioden-Synchronisierung aufgreift und zeigt: Frauen sind eben doch Blutsschwestern. Oder der Modetrend Haare an den Beinen … letztlich alles neue Muster, die das Zeug dazu haben, Menschen zu infizieren und mitunter die ganze Welt zu erfassen.

Martina: »Superspreader bekommt eine ganz andere Bedeutung.«
Ute: »Genau: Statt mit Viren stecken wir unsere Mitmenschen mit Empathie und Mitmenschlichkeit an.«

Der Schlüssel dazu: Zulassen. Ups! Einlassen. Aha! Anfangen. Ja! Egal mit was. Vielleicht verabschiedest du dich von deiner Chatgruppe, in der die Posts seit Jahren um dieselben Jammerthemen kreisen. Hörst im nächsten Meeting einfach nur mal empathisch

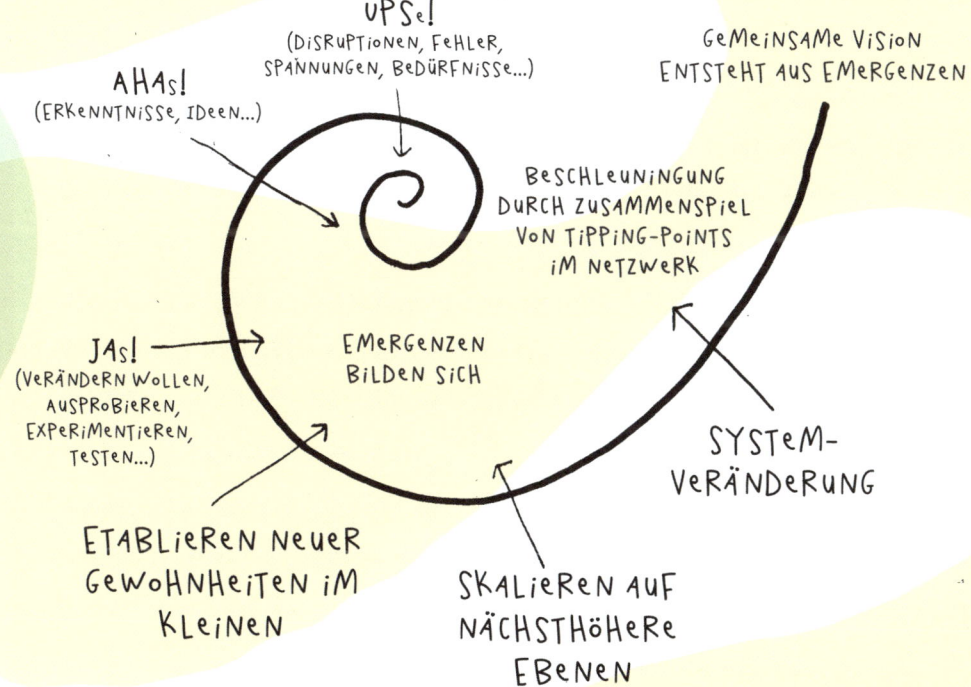

DYNAMIKEN SOZIALER VERÄNDERUNGEN
(IN ANLEHNUNG AN: THE OPEN BOOK OF SOCIAL INNOVATION, MURRAY, CAULIER-GRICE AND MULGAN)

UPSe!
(DISRUPTIONEN, FEHLER, SPANNUNGEN, BEDÜRFNISSE...)

AHAs!
(ERKENNTNISSE, IDEEN...)

GEMEINSAME VISION ENTSTEHT AUS EMERGENZEN

BESCHLEUNIGUNG DURCH ZUSAMMENSPIEL VON TIPPING-POINTS IM NETZWERK

JAs!
(VERÄNDERN WOLLEN, AUSPROBIEREN, EXPERIMENTIEREN, TESTEN...)

EMERGENZEN BILDEN SICH

SYSTEM-VERÄNDERUNG

ETABLIEREN NEUER GEWOHNHEITEN IM KLEINEN

SKALIEREN AUF NÄCHSTHÖHERE EBENEN

zu. Pinnst eine Liste mit Kommunikationsregeln an die Wand. Versuchst mit dem Drama-Dreieck, alte Handlungsmuster zu durchbrechen. Führst in deiner Organisation oder zu Hause einen Freaky Friday ein. Unternimmst eine Gedankenreise. Malst dein Ikigai. Oder lässt dich einfach nur inspirieren von all den Menschen, die sich bereits auf den Weg gemacht haben.

> *» Emergence is our inheritance*
> *as a part of this universe; it is*
> *how we change. Emergent strategy*
> *is how we intentionally change in*
> *ways that grow our capacity to*
> *embody the just and liberated*
> *worlds we long for. «*
> *Adrienne Maree Brown,*
> *Schriftstellerin*

Sich inspirieren, begeistern und anstecken lassen, ist auch unser Joker, den wir immer wieder ziehen. Vor allem dann, wenn uns der Mut verlässt. Wir ins Wanken geraten. Und unsere Zuversicht wie ein Soufflé in sich zusammenzufallen droht. Weil uns zwischendurch Systeme und selbst Systemchen unbeweglich und unnachgiebig erscheinen. Und jede unserer Handlungen irrelevant und lächerlich klein. Kommt vor. Aber immer seltener. Weil wir wissen, dass dem nicht so ist – und wir schon gar nicht alleine sind. Sondern Teil einer weltweiten Bewegung des Wandels. Ja! Tatsächlich! Wir haben alles, was wir brauchen. Mutige Vordenker*innen, leidenschaftliche Unterstützer*innen, weitverzweigte Netzwerke. Und darüber hinaus Hunderte Ideen und Methoden, die uns helfen, Dinge zu verändern. Und so geben wir nun den Staffelstab an dich weiter. Probiere dich aus. Passe die Tools an deine Bedürfnisse an. Packe Neues hinzu. Mixe und matche. Träume wild. Lade ein zum Spiel. Und ermutige deine

Weggefährt*innen, ebenfalls positive Energie in ihre Wirkungskreise zu bringen. Dort wo sie gehen und stehen. Kurz: Sei die
Veränderung, die du dir wünschst, mache sie sichtbar, fühlbar,
spürbar.

» *Give up yourself unto the moment*
***Let's make this moment last* «**

Moloko

DANKE

Dieses Buch ist für uns ein Beispiel für agile Teamarbeit par excellence. Es wäre nicht entstanden, wenn uns nicht viele Menschen auf diesem Weg begleitet und unterstützt hätten. Deswegen möchten wir uns an dieser Stelle bedanken:

Peter Felixberger vom Murmann Verlag gab uns die Möglichkeit, unsere Vision von einem eigenen Buch umzusetzen, und stand uns empathisch von Anfang bis zum Ende zur Seite. Unvergesslich das erste Zoom-Meeting, nachdem wir unser Manuskript eingereicht hatten: »Wir geben kein Buch über Agilität raus! Wir brauchen was anderes! Etwas, das Ihr Ding ist – eine einzigartige Mischung aus Schauspiel und Innovation.« Und ehe wir uns versahen, waren wir mitten drin: in einem gemeinsamen »Mix 'n' Match«-Kreativprozess. Tja, »unser Ding« ist ziemlich pink geworden, aber wir brauchen auch überall mehr Farbe und organische Formen, finden wir!

Unserer Lektorin Heike Littger für ihre vielen inspirierenden Hinweise und Ideen, ihren großartigen Einsatz und ihre kreative Schubkraft – wir hoffen, die Bissspuren in ihrer Schreibtischplatte nach der hundertsten »Nur noch diese Mini-mini-Ergänzung« lassen sich wieder wegschmirgeln.

Unseren Familien, denn häufiger wurden aus »nur mal kurz« mehrere Stunden intensiver Arbeit. Wir danken für ihre Liebe, Geduld und Motivation – und ja, selbst wenn das Buch gedruckt ist, es kommt nicht mit ins Bett …

Unseren Freund*innen für die vielen Gespräche, sie standen für spontane Testings parat und teilten unsere Begeisterung für unser Projekt.

Beim Team von Monika Homann von der LVM-Versicherung für einen großen Motivationsschub und super Feedback.

Besonders möchte sich Martina bei ihren Mentorinnen bedanken, den Schauspielprofessorinnen Mechtild Hauptmann und Antje Weber für fachlichen Input und offene Ohren zu jeder Zeit. Esther Narbeshuber für Nudges und Impulse im richtigen Moment. dm drogeriemarkt und Alnatura für die langjährige Zusammenarbeit und den damit verbundenen zahlreichen Erfahrungen an der Schnittstelle zwischen Wirtschaft, Kunst und Kultur. Sylvia Hathazy für den regen Gedankenaustausch. Gerald Hüther für sein »Machen sie weiter so!« vor vielen Jahren. Und vor allem bei Ute für ihre Wachheit, ihren Tatendrang und ihren Mut, die unser Mix 'n' Match erst möglich gemacht haben.

Ute sagt Danke an die Geschäftsführung von WestLotto für das Vertrauen in das kreative Experiment der selbst organisierten Transformation des Unternehmens (Yo, wir schaffen das!), dem Transformationsteam für romantische MS-Teams-Stunden am Jira-Scrum-Board, leuchtende Einhörner, Traumreisen und vegane »bloody rabbits« – kurzum, für tolle Erfahrungen rund um neues, agiles Arbeiten in der Praxis! An Nicole Dufft für viele Wow-Effekte beim Design-Thinking-Workshop und kybernetische Mini-Übungen, mit denen vor vier Jahren alles begann. Mia Konew und Diemut Bartl von Dark Horse für die Möglichkeit, Ideen – auch in reichlich verstrubbelten und unfertigen Zwischenständen – immer wieder präsentieren zu dürfen. Und Martina für den Coaching-Support während des Buchprojektes und die vielen interessanten persönlichen Lernkurven über emotionale Intelligenz: Can you feel it? Well yes, but let me find a footnote to this first!

Für Gespräche, Diskussionen, Einblicke und Inspirationen während des Entstehungsprozesses: Astrid Wunsch und Heike van Geel (SAP APP Haus), Michael Weber (DB Systel), Niklas Mahrdt (Fachhochschule Köln), Anja Sprecher (Bosch), Anja Willner (SZ-Brand-Studio), Vanessa Zellien und Dietrich Eisold (Sparkasse), Hasan Sürgit (Deutsches Rotes Kreuz), Theresa Stöhr (CGI), Maria Meermeier (diffferent), Nils-Ole Rasmus (Berliner Stadtreinigung), Christof Knop (Metro), Suvi Liljavuori (Veikkaus Lotterien), Vera Mayr (Österreichische Lotterien), Fiona Jennings (Camelot), Christoph Kappes (Digital Manager), Dietmar Dahmen (Entrepreneur), Simon Katzenmajer (Verve), Dave Caygill (Iris) und Birga Schlottmann (fuxblau). Zudem Innovation Working Group der European Lotteries, Betahaus Berlin, Betterplace-Lab, Sipgate, MovingImage, MHP/Porsche-Lab, InsurHUB und Gaur Gopal für seinen »Then Why Worry«-Regelkreis, der uns in kniffligen Situationen immer wieder zum Lachen brachte und aus der Patsche half.

Klimaneutral
Druckprodukt
ClimatePartner.com/12752-1803-1001

Zum Ausgleich für die entstandene CO2-Emission bei der Produktion dieses Buches unterstützen wir die Erhaltung und Wiederaufforstung des Kibale-Nationalparks in Uganda. Das Projekt trägt zum Klimaschutz bei, indem die Bäume bei der Fotosynthese Kohlenstoff aus der Luft binden, es schützt die Biodiversität des tropischen Waldes und sichert 260 Arbeitsplätze.

Bibliografische Information der Deutschen Nationalbibliothek
Die Deutsche Nationalbibliothek verzeichnet diese Publikation in der Deutschen Nationalbibliografie; detaillierte bibliografische Daten sind im Internet über http://dnb.d-nb.de abrufbar.

Lektorat: Heike Littger
Illustrationen von Ute Hamelmann
Druck und Bindung: Eberl & Koesel, Altusried-Krugzell
Printed in Germany

ISBN 978-3-86774-680-9

Besuchen Sie uns im Internet: www.murmann-verlag.de
Ihre Meinung zu diesem Buch interessiert uns!
Zuschriften bitte an info@murmann-publishers.de
Den Newsletter des Murmann Verlages können Sie anfordern unter newsletter@murmann-publishers.de

Als studierte Schauspielerin ist **MARTINA HESSE** immer auf der Suche nach dem Beyond, dem Dahinter, dem Mehr, dem Anderen, dem Neuen. Nach mehreren Jahren Festengagement an verschiedenen Theaterbühnen wechselt sie in die freie Szene und arbeitet mit verschiedenen Ensembles zusammen, wie dem feministischen Performance-Kollektiv She She Pop. Hinzu kommen Film, Fernsehen und Hörspiel, zudem Lehraufträge an der Hochschule für Musik und Darstellende Kunst Stuttgart und Theaterworkshops für Firmen wie Alnatura und dm.

Zu sehen, wie selbst schüchternste Frauen mit großer Begeisterung verruchte Madamsen oder selbstverliebte Machos darstellen und dabei ihr Mehr entdecken, begeistert sie immer wieder. Ihre Überzeugung: Kein Mensch ist festgelegt auf ein und dieselbe Rolle ein Leben lang. Um mit Ute noch besser zu mixen and matchen, hat Martina die Corona-Zeit für einen Scrum-Mastergang genutzt. Sie lebt mit ihrer Familie in Berlin.

www.martina-hesse.de
www.embodied-dynamics.com